www.glaubenssachen.de

„Uns bleibt der Glaube an das,
was wir unter der Zunge verstecken.
Unsere Heimat gibt es nicht mehr – gab es vielleicht nie,
weil uns jede Handbreit Erde fremd ist." [1]

ISBN 978-3-7984-0856-2

FSC-zertifiziertes Papier aus verantwortungsvollen Quellen

Cover: Ev. Presseverband Norddeutschland GmbH – Foto: Sebastian Mantei

Sebastian Mantei

Aus der Hölle in den Himmel

Die vielen Leben des Michael Maor

J. F. Steinkopf Verlag

Foto: Kai Abresch

INHALT

Vorwort 7

Aus einer anderen Welt 9
Halberstadt 10
Rückkehr an den Ort meiner Geburt 11
Brit Mila 13
Meine Familie 16
Aufbruch ins Ungewisse 18
Zwischen Beuel und Barcelona 19
Meine Flucht aus Deutschland 23
Ankunft in Zagreb 26
Jugoslawien 28
Leben in Derventa 29
Die Deutschen kommen 31
Auf dem Weg nach Rab 35
Freiheit und Flucht 39
Abschied für immer 40
Allein gegen den Rest der Welt 46
Ankunft in Palästina 49
Kibbuz Mizrah 52
Spurensuche in Mizrah – Wiedersehen mit Moshe 53
Holocaustkinder haben keine Lobby im Kibbuz 55
Der Krieg kehrt zurück 57
Wie ein Russe die Syrer verjagt 58
Kind zweiter Klasse 59
Meine Tante Thea 64
Mein Weg zu den Fallschirmspringern 65
Fallschirmspringer Maor wirft mit Eiern 66
„Du hast mich wie ein Reh getragen" 67
Kriegseinsatz 69
Sinai-Krieg 71
Reise nach Brasilien 72
Rückkehr ins Land der Väter und Täter 76
Meine Begegnung mit dem Mossadchef 77
Fotokurs für Agenten 78
Die Operation Eichmann 80
Ohne Worte 82

Mengele 83

Rückkehr nach Israel 84

Papstbesuch 85

Begegnungen der besonderen Art 87

Oscar Niemeyer in Israel 89

Die „scheenen Beene" von Marlene 90

Das Bild einer großen Freundschaft 93

Strauß, Peres und Ben Gurion 95

Baden mit Mobutu und Flügel für Idi Amin 98

Rückkehr zum Militär 100

Jemenitin trifft Jecke – Israelische Hochzeit 101

Von den Fallschirmspringern zur Luftaufklärung 105

Alleingang 107

Hühner und Soldaten 108

Ariel Scharon 110

Abschied vom Militär 112

Grenzschutzpolizei 113

Arafats Mukata und ich 115

Die Anfänge des Nachrichtendienstes in der Grenzschutzpolizei 116

Bauern, Bienen, Baumwollballen 118

Der Sheriff von Jerusalem 120

Gaza 123

Besuch bei Grenzschutzpolizei 2017 126

Rückfahrt mit Rückkehr 133

Abschied von der Grenzschutzpolizei 137

Alte Kameraden 138

Mossad sucht Senior-Experten 138

Dies und das 140

Vom Fackelträger zum Brückenbauer 141

Unbequeme Wahrheiten – Zeitzeuge mit Ecken und Kanten 142

Nahostkonflikt in der Niederlausitz 146

Auschwitz in Kanada 149

Nachwort 150

Anmerkungen 151

VORWORT

Im Sommer 2008 reiste ich für eine Dokumentation über deutsche Holocaust-überlebende nach Israel. Im November 2008 sollte sie im Rahmen der Gedenkfeiern zum 70. Jahrestag der Pogromnacht im MDR-Landesfunkhaus in Magdeburg präsentiert werden. Ich traf in nur einer Woche viele Menschen, die Wurzeln in Mitteldeutschland haben, die in einem der KZ-Außenlager von Buchenwald mit letzter Kraft überlebten, und auch jene, die rechtzeitig nach Palästina aufbrachen, um der Verfolgung durch die Nationalsozialisten zu entkommen. Viele von ihnen haben maßgeblich am Aufbau Israels mitgewirkt. Unter ihnen Michael Maor, der damals recht unbekannt war. Das hat gute Gründe. Maor ist viele Jahre für den israelischen Geheimdienst im Einsatz gewesen, und da gehörte Schweigen zum Geschäft.

Doch mit 75 Jahren darf er über Dinge reden, die lange zurückliegen.

Ich erinnere mich noch heute, wie mich ein sportiver Senior im Zentrum der noch im Aufbau befindlichen Stadt Modiin empfängt. Diese Stadt ist nahezu aus dem Nichts entstanden. Michael Maor ist einer ihrer ersten Einwohner. Er lächelt, ist stolz und zeigt mir seine neue Heimatstadt. Wie so oft in seinem Leben gehört er auch hier zu den Ersten. Statt im israelischen Kernland zu wohnen, zieht Maor mit der ganzen Familie in eine Stadt an der Grünen Linie, der Grenze zum Westjordanland. Auf dem Weg nach Modiin habe ich von Jerusalem aus palästinensische Gebiete auf einer israelischen Autobahn durchfahren, die von Hochsicherheitszäumen und Wachttürmen abgeschirmt ist. Für mich wirkt diese Lage von Modiin nicht sehr beruhigend, doch Michael Maor vertraut der israelischen Grenzschutzpolizei und der Armee. Er kennt diese Einheiten aus erster Hand, wie ich später erfahre, und blickt zuversichtlich auf Modiins Zukunft. Früher befanden sich in dieser Gegend fünf palästinensische Dörfer und in der Nähe das biblische Modiin, dessen Lage aber ungeklärt ist. Wie vom biblischen Modiin ist auch von den Dörfern nichts geblieben. Heute steht an deren Stelle das neue Modiin – eine saubere Stadt, mit grüner Industrie und vielen Freizeitangeboten für junge israelische Familien. Später soll Modiin zu den größten Städten Israels gehören. Auf den Bergen stehen Hochhäuser, von denen man bei guter Sicht bis Tel Aviv blicken kann. Die grünen Täler in der Stadtmitte sind mit Schulen, Kindergärten und einem Park gestaltet. Die Stadtplaner setzten hier im kargen Wüstengebiet eine Vision um, die schon Israels Staatsgründer David Ben Gurion forderte und förderte. Israels Wüste sollte blühen. So wächst auch hier auf staubigen Böden immer mehr Grün, das durch endlos verzweigte Bewässerungssysteme am Leben erhalten wird.

Michael Maor lädt mich zu sich nach Hause ein. Seine Frau Sara bereitet uns einen wunderbaren Kaffee und wir erzählen. Der Geheimdienstmann ist mir gegenüber nicht skeptisch, sondern offen und fast väterlich, obwohl wir uns vor wenigen Minuten zum ersten Mal gesehen haben. Er genießt es, Deutsch zu sprechen, und macht gleich zu Beginn Witze. Überhaupt ist das sein Markenzeichen, dieses Lächeln trotz vieler Schicksalsschläge.

Seit diesem ersten Treffen 2008 entwickelt sich zwischen uns eine Freundschaft. Wir sehen uns regelmäßig und ich produziere über ihn verschiedene Reportagen, bis die Idee zu einem Buch kommt. Denn Michael Maors Abenteuer sind unglaublich, anrührend, bewegend und erheiternd.

Seine Lebensgeschichte ist eine europäische Geschichte, die mit der Verfolgung in Deutschland ihren Anfang nimmt und sich durch viele Erlebnisse auf der Flucht quer durch Europa fortsetzt, bis sie in Palästina weitergeht, wo für Maor das Leben eines freien Menschen beginnt, der zeitlebens dennoch den Krieg erlebt. Es ist die Geschichte vom Ende des deutschen Judentums und vom Beginn des jüdischen Staates bis zum heutigen Tag. Maor ist ein steter Begleiter durch dunkle, wilde und zugleich schöne und glückliche Jahre. Michael Maors Geschichte lohnt sich zu lesen, um seine, die europäische und die israelische Geschichte aus einer ganz persönlichen Perspektive besser zu verstehen.

Im vorliegenden Buch erzähle ich anhand von drei Erzählsträngen Michael Maors Lebensgeschichte. Sie stützt sich in erster Linie auf Maors Aussagen, die ich in verschiedenen Interviews in Deutschland und Israel aufgezeichnet habe. Ergänzt wird die Lebensgeschichte durch eigene Recherchen zu Ereignissen und örtlichen Gegebenheiten, die Maors Leben geprägt haben. Als dritter Strang kommen Weggefährten zu Wort.

Als besonders schwierig hat sich die Recherche zum familiären Umfeld und den Beziehungen zu Eltern und Großeltern herausgestellt, da ich hierbei nahezu ausschließlich die erzählten Erinnerungen Michael Maors nutzen konnte. Durch die Flucht, Verfolgung und Tötung vieler Familienmitglieder sind kaum schriftliche Zeugnisse wie Briefe erhalten, die seine Geschichte ergänzt und Perspektivwechsel ermöglicht hätten. Zugleich hätte man anhand der Briefe mehr über die Lebensverhältnisse, Auswegslosigkeiten und Hoffnungen erfahren können. Doch keines dieser Zeugnisse hat den Holocaust überlebt – nur das, was Michael Maor in seiner Erinnerung festgehalten hat.

Sebastian Mantei, Magdeburg/Modiin im Mai 2019

Aus einer anderen Welt

Modiin ist meine Heimat, hier lebe ich mit meinen Kindern und Enkeln am Fuß der jüdäischen Berge in Israel. Doch zwischen diesem Leben und dem zu meiner Geburt liegen nicht nur viele Jahre, sondern buchstäblich Welten.

Meine Lebensgeschichte beginnt am 26. Februar 1933 in einer anderen Welt, die es heute nicht mehr gibt. Sie befand sich mitten in Europa in einer mittelalterlichen Kleinstadt im Harzvorland bei Magdeburg.

In meiner Geburtsurkunde steht als Geburtsort Halberstadt. Eine Stadt, die ich erst viel später kennenlernen sollte, da ich sie als Baby verlassen musste. Meine Eltern gaben mir damals den Namen Horst Michael Sternschein.

Eintragung im Geburtsregister der Stadt Halberstadt / Moses-Mendelssohn-Akademie Halberstadt

9

Halberstadt

Wenn man sich heute von Norden Halberstadt nähert, kann man die Silhouette mit den Kirchtürmen der Stadt schon von Weitem erkennen. Dahinter ragen majestätisch die Berge des Harzes hervor. Halberstadt gilt als Tor zum Harz.

Die Stadt hat eine lange Geschichte, war Handelsort, wichtiger Bischofssitz und hatte über Jahrhunderte eine große jüdische Gemeinde, die durch Flüchtlinge der Pogrome in Wien und Halle stetig wuchs. Viele Juden fanden hier ein neues Zuhause und zahlten Schutzgelder an die Bischöfe, die wiederum die Sicherheit der Juden gewährleisteten.

Die jüdische Gemeinde blühte auf. Den Grundstein für diese Entfaltung legte u.a. der Hofjude Berend Lehmann, der „August dem Starken" verhalf, König von Polen zu werden, indem er ihm als Financier Geld verschaffte, mit dem August die polnischen Adligen zu seinen Gunsten bestechen konnte.

Seinen Wohnsitz hatte Lehmann im zur damaligen Zeit verkehrsgünstig gelegenen Halberstadt, dessen jüdische Gemeinde von seinen Wohltaten profitierte. Der Mäzen stiftete die prunkvolle Barocksynagoge nebst Klaus(ur)synagoge und gründete eine Stiftung, die über 300 Jahre die Rabbinerausbildung in der Klaus bis 1938 sicherte.[2]

Zu Beginn des 20. Jahrhunderts sorgte der Weltkonzern „Hirsch Kupfer- und Messingwerke" mit Hauptsitz in Halberstadt für ein weiteres Anwachsen der jüdischen Bevölkerung. Die neoorthodoxe Familie Hirsch schuf ideale Arbeits- und Lebensbedingungen für jüdische Familien. In den 1920er-Jahren lebten über 1000 Juden in Halberstadt. Doch mit der Machtergreifung der Nationalsozialisten setzten diese dem „heiligen Halberstadt", wie es einige Juden nannten, ein Ende. Wer nicht fliehen konnte, wurde deportiert. Der letzte Transport verließ die Stadt am 13. November

1942 nach Theresienstadt. Halberstadt war mit einigen kurzzeitigen Unterbrechungen nach fast 700 Jahren „judenfrei". Viele Halberstädter nahmen das kritiklos zur Kenntnis. Einige plünderten und übernahmen jüdische Wohnungen, Häuser oder Geschäfte und beteiligten sich an der Schändung der Synagoge. Die Thorarollen und die wertvollen Schätze der Synagoge verschwanden.

Man könnte meinen, dass die Stadt für diese Vertreibung am 8. April 1945 bitter bestraft wurde. Beim angloamerikanischen Bombenangriff wurde nahezu die komplette Innenstadt zerstört. Wie durch ein Wunder blieb das jüdische Viertel unterhalb des Domplatzes erhalten. Der letzte Rabbiner Halberstadts, Hirsch Benjamin Auerbach, und der ehemalige Dompfarrer Martin Gabriel erinnerten mit einem Gedenkstein vor dem Dom Anfang der 1980er-Jahre an die vertriebenen und ermordeten jüdischen Halberstädter. Darauf steht Hiobs Ausspruch: „Der Allmächtige beugt das Recht nicht." Für Auerbach und Gabriel war klar, dass der Bombenangriff als Strafe Gottes gedeutet werden kann, weil die Halberstädter nicht protestierten, als man ihre Nachbarn holte, um sie in den Tod zu schicken.

Bevor das große Unglück über die europäischen Juden kommt, wird Michael Maor als „Horst Michael Sternschein" am 26. Februar 1933 in Halberstadt geboren.

Rückkehr an den Ort meiner Geburt

Als ich zum ersten Mal nach Halberstadt kam, fragte man mich, ob Halberstadt meine Heimat sei. Da habe ich nur gesagt: „Nein! Israel ist meine Heimat, nicht Halberstadt. Ich bin zwar hier geboren, aber ich wurde von hier verjagt, habe durch Zufall überlebt und bin jetzt wieder hier, um zu erzählen, wie sich das anfühlte."

Das war 2004. 71 Jahre nach meiner Geburt kehrte ich in die Stadt zurück, in der meine Eltern kurz lebten. Wie sie hierher-kamen, weiß ich nicht. Mein Vater war ein Sachse aus Dresden, der ulkig sprach, meine Mutter eine Rheinländerin aus Beuel bei Bonn. Beide hat es für kurze Zeit in diese Stadt am Harz verschlagen, wo mein Vater ein Geschäft führte. Er stammte aus einer Dresdner Kaufmannsfamilie und war ein geschickter Händler, was uns später auf der Flucht immer wieder half und weiterbrachte. Meine Mutter hatte früher offenbar studiert, war in Halberstadt aber Hausfrau. Ich habe mich in der Stadt nur wenige Monate aufgehalten, weil mein Vater als Sozialist verfolgt wurde. Der Grund war der Reichstagsbrand einen Tag nach meiner Geburt.

Michael Maor spricht als Zeit-zeuge in seiner Geburtsstadt Halberstadt / Ulrich Schrader

Am 27. Februar 1933 brennt der Reichstag in Berlin. Als Brand-
stifter bekennt sich der holländische Linksanarchist Marinus van
der Lubbe, der die Arbeiterschaft zum Widerstand gegen Hitler
aufrufen will. Ob er es wirklich war oder der Brand von den Na-
tionalsozialisten inszeniert wurde, ist bis heute ungeklärt. Für
sie ist das ein willkommener Grund, um Jagd auf Sozialdemokraten,
Sozialisten und Kommunisten zu machen.

Meine Eltern waren in doppelter Hinsicht in einer Notlage. Sie
waren Sozialisten und Juden. Mit der von den Nazis, gleich am
nächsten Tag erlassenen Reichstagsbrandverordnung wurden
zehntausende Linke in Konzentrationslager gebracht. Mein
Vater sollte auch festgenommen werden, doch er entzog sich
der Festnahme, indem er untertauchte. Vorher versuchten meine Eltern, ein normales Familienleben zu führen, soweit man
das sagen kann. Denn auch ohne politische Verfolgung ist der
Alltag einer Familie mit dem ersten Kind alles andere als ent-
spannt. Ich bin mir sicher, meine Mutter hat ihr Bestes gegeben,
während mein Vater wahrscheinlich schon sein Untertauchen
vorbereitete. Erinnern kann ich mich aber nicht an diese Zeit,
da ich nur wenige Tage alt war.

Brit Mila

Bevor die Familie Sternschein Halberstadt für immer den
Rücken kehrte, bemühten sich die jungen Eltern, ihr Babyglück
zu genießen. Zwar hatten sie mit der jüdischen Religion wenig
abzumachen, aber sie hielten sich an die Tradition. Am achten
Tag nach der Geburt dürften sie die Brit Mila von Horst Michael
gefeiert haben. Wahrscheinlich kam dazu nur ein kleiner Kreis
zusammen. Man wird sich in der prächtigen Synagoge in der Ba-

kenstraße am 6. März 1933 getroffen haben. Es war ein Montag, an dem draußen auf der Straße normaler Alltag herrschte. Autos und Kutschen ratterten über das Kopfsteinpflaster der Unterstadt, die meist von Juden bewohnt wurde. In diesen Tagen erledigte man nur die notwendigsten Wege, vermied es, unnötig auf der Straße zu sein. Denn seit dem Reichstagsbrand lag auch in Halberstadt etwas Bedrohliches in der Luft. Polizei und SA-Mannschaften waren häufiger zu sehen und veranstalteten Razzien gegen Kommunisten, die oft in der Unterstadt, dem jüdischen Viertel, wohnten. Doch von all dem war in der prächtigen Synagoge, die sich im Hinterhof trotz ihrer Größe versteckte, nichts zu spüren. Der große Raum mit doppelter Frauenempore wirkte wie ein Palast. An der Decke unterstrich ein riesiger goldener Kandelaber diese Stimmung, und die vielen Silbersachen machten aus dem Gebäude einen wirklichen Tempel.

In diesem feierlichen Raum wird Rabbiner Hirsch Benjamin Auerbach mit einem Mohel, einem Beschneider, den Bund von Horst Michael Sternschein mit Gott besiegelt haben. Es wird kalt gewesen sein und die Mutter wird Angst gehabt haben, dass ihr Baby sich eine Lungenentzündung holt. Doch alles ging gut. Für den 32-jährigen Rabbiner Hirsch Benjamin Auerbach wird die Brit Mila auch eine besondere Mitzwa gewesen sein, gehörte sie doch zu seinen ersten als Rabbiner in der Halberstädter neoorthodoxen Gemeinde. Er leitete nun in vierter Generation die Gemeinde[3] und trat das Amt im Vorjahr 1932 an, als noch alles friedlich schien in Deutschland.

Nachdem der Knabe in den Armen eines Sandaks[4] vom Mohel[5] beschnitten worden war und den Segen des Rabbiners erhalten hatte, dürfte gerade die Mutter aufgeatmet haben. Schnell wird das schreiende Kind wieder warm eingepackt worden sein und dann ging es nach Hause. Dort werden die Eltern mit Freunden, vielleicht auch Verwandten aus Dresden eine kleine Feier veranstaltet haben, die ein wenig die Stimmung von heiler Welt verbreitete und von der politischen Situation abgelenkt haben dürfte.

Innenansicht der Synagoge Halberstadt vor ihrer Zerstörung –
hier findet 1933 Michael Maors Beschneidung statt / Städtisches Museum Halberstadt

Doch die Familie kommt nicht zur Ruhe. Vielleicht sind es die schlechten Nachrichten, vielleicht die Erzählungen von anderen jüdischen und kommunistischen Männern, die unterhalb des Domplatzes in einem Keller zusammengetrieben wurden. SA-Schergen droschen auf die Eingepferchten ein bis sie blutüberströmt entlassen wurden.[6] Was die Sternscheins in diesen Stunden denken, lässt sich nur erahnen. Doch in einer kleinen Stadt wie Halberstadt dürften sich solch bedrohliche Meldungen schnell verbreitet haben.

Wenige Monate nach der Geburt von Horst Michael Sternschein muss die Familie die Stadt verlassen. Wahrscheinlich ist der Druck durch die Nazis so groß, dass Julius Sternschein beschließt, Deutschland vorübergehend den Rücken zu kehren. Er geht nach Spanien, während seine Frau mit dem Neugeborenen zu ihren Eltern nach Beuel bei Bonn zieht. In Barcelona versucht der Vater, eine Aufenthaltsgenehmigung für die Familie zu erhalten, damit sie sich aus Hitlerdeutschland in Sicherheit bringen kann. Doch dieses Zertifikat erhält er nicht.

Meine Familie

Ich war ein deutscher Junge, könnte man meinen, wenn man auf meinen Stammbaum schaut. Die Familie war eine erfolgreiche deutsche Familie und hatte ihren Platz in der Gesellschaft. Mein Vater stammte aus Dresden, wo sein Vater an einem großen Kaufhaus beteiligt war. Anfang der 1930er-Jahre starb mein Großvater. Er hat von dem Spuk zum Glück nicht mehr viel mitbekommen. Ursprünglich muss die Familie aus Polen gekommen sein. Die Großeltern sollen geschwärmt haben, dass sie in Deutschland als Juden wesentlich besser aufgenommen wurden als in Polen. Hier konnte man sich integrieren, und wer tüchtig war, konnte es zu etwas bringen.

Die Brüder des Vaters Julius sind zum einen Journalist, zum anderen Kaufmann (Max). Martin Sternschein, geboren am 5.3. 1905, lebt in Hamburg und wurde 1930 Mitglied der jüdischen Gemeinde. Er verlässt Hamburg am 1.6.1936 und flieht nach Kopenhagen.[7] Dort arbeitet er für die Zeitung „Politiken". Jahrzehnte nach dem Krieg hat Maor das erfahren, als Martin Sternscheins Sohn Kontakt zu ihm suchte. Michael Maors Onkel Leo Sternschein, geboren am 6.12.1902, setzt sich nach der Machtübernahme der Nazis nach Shanghai ab und gelangt von dort nach Amerika. Ob es Nachfahren gibt, ist unklar.[8]

Die Familie meiner Mutter Edith Schubach, geboren 1908, lebte dagegen im Rheinland. Sie hatte einen mittelständischen Betrieb und konnte sich so einen kleinen Wohlstand aufbauen. Ich entsinne mich noch an meine 90-jährige Urgroßmutter in Trier. Sie hatte einen großen Trichter zum Hören. Das war für mich als Kind etwas Besonderes.

Die Eltern der Mutter, Moritz und Rosa Schubach, haben in Beuel in der Marienstraße 21 eine Metzgerei. Sie ist sicher nicht koscher gewesen, wird sie doch in einer antijüdischen Zeitungsbeilage als besonders gute Adresse eines arischen Handwerksbetriebs empfohlen.[9]

Ein entfernter Onkel aus der Familie mütterlicherseits soll Kapitän eines Handelsschiffes gewesen sein. Beide Familien, die Schubachs und die Sternscheins, haben einen festen Platz in Deutschland und fühlen sich hier wohl, bis alles anders wird.

Viele von ihnen werden von den Nationalsozialisten ermordet. Die Mutter hat noch einen Bruder. Kurt Schubach arbeitet als Handelsvertreter für eine der Messerfabriken in Solingen. Er wird nach der Machtergreifung der Nationalsozialisten im ersten deutschen Konzentrationslager in Dachau in „Schutzhaft" genommen. Es gibt damals aber noch Möglichkeiten, aus dem Lager zu fliehen.

Viele Jahre später sagte er mir, er sei über eine Mauer geklettert. Ich kann mir das nur schwer vorstellen. Vielleicht konnte er die Wachmannschaften bestechen. Damals ging das noch. Er war geschickt und hatte viele Kontakte. Das hat ihm sicher das Leben gerettet. Nach dem KZ schlug er sich bis Amsterdam durch und nahm für ein paar Mark eine Passage nach Brasilien. Dort wurde er steinreich. Ich habe ihn später besucht. Er war Chef von „Chemical os Produtos dos Brasil" und beriet sogar den Wirtschaftsminister Brasiliens. Er, die Brüder meines Vaters und eine Tante aus der Linie meiner Mutter überlebten. Das wusste ich nicht. Lange dachte ich, ich wäre der einzig Überlebende.

Mein Vater Julius Sternschein wurde am 6.12.1896 in Dresden geboren. Er wird wahrscheinlich als Kaufmann im Geschäft meines Großvaters ausgebildet worden sein. Als deutscher Soldat kämpfte er im Ersten Weltkrieg.

Julius Sternschein heiratet am 23.3.1932 Edith Schubach in Dresden. Wo der Sachse die Rheinländerin kennengelernt hat, weiß Michael Maor nicht. Unklar ist auch, warum die beiden im Juni 1932 nach Halberstadt gezogen sind. Ein Jahr bleiben sie in der Stadt. Mit der Machtübernahme durch die Nationalsozialisten im Januar 1933 verschlechtert sich die Lebenssituation. Der Vater wird für staatenlos erklärt, später polnischer Staatsbürger und muss das Land verlassen. Viele deutsche Juden, deren Wurzeln in Polen liegen, werden auf einmal des Landes verwiesen und verlieren die deutsche Staatsbürgerschaft.

Aufbruch ins Ungewisse

In Halberstadt blieb ich nur drei Monate, bevor meine Eltern aufbrachen. Mein Vater schlug sich nach Spanien durch und meine Mutter zog mit mir zu ihren Eltern nach Beuel. Doch als Ehefrau eines Staatenlosen verlor auch sie ihre deutsche Staatsbürgerschaft und galt bei den deutschen Behörden nun als Polin, obwohl sie dort, wie mein Vater, nie war. Im November 1933 beantragte sie bei den Behörden in Beuel für uns beide eine Aufenthaltserlaubnis. Sie begründete den Antrag damit, dass sie von ihrem Mann getrennt lebe und in Beuel sich wieder niederlassen wolle. Unterdessen hatte sich mein Vater in Barcelona niedergelassen und lebte von den Einnahmen einer Leihbücherei. Er bekam die Bücher aus Luxemburg. Da sich zu dieser Zeit viele Emigranten in Barcelona aufhielten, schien das Geschäft zu funktionieren. Außerdem war mein Vater Philatelist und handelte mit Briefmarken. Bis heute habe ich ein Lederetui mit einigen Marken. Es ist das Einzige, was mir von ihm geblieben ist. Er hat es mir kurz vor seinem Tod geschenkt, vielleicht auch als kleine Kapitalanlage, die ich bei meiner Flucht hätte in Geld umsetzen können. Doch ich habe es behalten wie einen Schatz.

Zwischen Beuel und Barcelona

Am 23.10.1935 verließen meine Mutter und ich Beuel, um zu meinem Vater zu reisen. Meine Mutter ließ sich sicherheitshalber in ihrem Pass eintragen, sie sei „zur einmaligen Wiedereinreise in das Reichsgebiet mit der Gültigkeitsdauer bis 3.9.1936" berechtigt. Doch das Unglück verfolgte uns auch in Spanien. Nach einem dreiviertel Jahr in Barcelona putschten im Juli 1936 rechtsgerichtete Militärs gegen die spanische Republik und es begann der Bürgerkrieg. Dort, wo wir lebten, entbrannten Straßenkämpfe. Die Putschisten konnten zumindest in Barcelona vorläufig besiegt werden.

Sonniges Gemüt –
Michael Sternschein in Barcelona 1936 /
Privatbesitz Michael Maor

Doch niemand wusste, ob der Bürgerkrieg vorbei war oder wieder aufflammte. So entschieden meine Eltern, dass Mutter und ich nach Deutschland zurückkehren sollten, bis sich die

Lage entspannte. Am 11. August 1936 reisten wir wieder nach Beuel.

Meine Mutter war eine hübsche, attraktive Frau mit Sinn für Kunst und Theater. Sie muss der Stolz meiner Großeltern gewesen sein. Sie sorgte sich um mich, schaute, dass ich immer gut gekleidet war und mein Essen bekam. Ich habe sie später sehr vermisst, diese wunderbare Frau. Wenn sie mit mir unterwegs war, bewunderten mich die Leute. Ich war ein süßer Fratz, artig und brav. Ich konnte keiner Fliege etwas zuleide tun. Was später aus mir geworden ist, ist eine andere Geschichte. Wenn ich meinen Enkel Afek heute sehe, fühle ich mich an meine Kindheit erinnert, als ich noch ein Kind sein durfte. Ich blieb von da an bis zur Einschulung in Beuel.

Aber die Mutter bekommt Probleme. Die Kölner Gestapo wird auf sie aufmerksam und verlangt vom Bürgermeister ihre sofortige Ausweisung. Nach einem Gestapoerlass vom 21.3.1935 hätte sie ohnehin nicht wieder einreisen dürfen. Die Behörden wiederum verweisen auf gültige Papiere und die Zusage ihres Vaters, Moritz Schubach, er könne für das Wohl seiner Tochter sorgen. Doch die Gestapo setzt sich durch. Mit der Begründung: „Ihr weiterer Aufenthalt im Reichsgebiet ist unerwünscht. Hiernach ist Ihre Ausweisung gerechtfertigt", wird Edith Sternschein Ende 1936 abgeschoben. Aus Paris sandte sie der Beueler Polizeibehörde eine Postkarte, auf der sie bestätigte, sie habe das Reichsgebiet verlassen.[10]

Ich blieb also vorerst bei den Großeltern in Beuel. Sie waren religiös, aber nicht fromm, wie die meisten Juden zu dieser Zeit in Deutschland. Wir feierten die jüdischen Feste, doch ansonsten lief bei uns alles ganz normal wie in jeder deutschen Familie. Bei den Großeltern verlebte ich weitgehend friedliche Jahre, obgleich ich schon zu spüren bekam, dass ich ein „elender Jüdd" war, wie man mir im breiten Kölsch hinterherrief. Ich durfte nur in der Nähe des Hauses spielen. Denn es kam vor, dass nichtjüdische Kinder mich hänselten und Steine warfen. Dann rannte ich schnell nach Hause. In der Nachbarschaft wohnte ein Mädchen, das älter war als ich. Sie beschützte mich oft, wenn mich böse Kinder ärgerten. Leider habe ich ihren Namen vergessen, ich hätte mich später für ihren Einsatz sehr gern bedankt. Heute denke ich, das war schlimm. Doch als Kind nimmst du das als gegeben hin. Es war normal und ich musste eben auf der Hut sein.

Michael mit seiner Großmutter
Rosa Schubach 1938 /
Privatbesitz Michael Maor

An meinen Großvater kann ich mich kaum erinnern. Er war immer arbeiten. Er hat selber geschlachtet und seine Metzgerei war beliebt. Das Fleisch war sicher nicht koscher, aber Schweinefleisch wird er nicht verkauft haben. Einmal gab es Hochwasser, und das kam bis an unser Haus heran. Wenige Meter davor blieb es stehen und wir hatten Glück, weil der Keller mit den Kohlen trocken blieb. Mein Großvater hat dann mit einem

Besen das Wasser auf die Straße gefegt, und die Leute fragten: „Herr Schubach, wollen Sie den Rhein auskehren?" An mehr entsinne ich mich leider nicht.

Meine Großmutter war eine fantastische Frau. Sie verwöhnte mich nach Strich und Faden. Nur Eines mochte ich nicht: Spinat. Sie meinte, Spinat mache besonders groß und kräftig. Aber ich wollte keinen Spinat zum Mittag essen. Das musste ich dann auch nicht und bekam ihn zum Abendessen serviert. Außer dieser Meinungsverschiedenheit haben wir uns prächtig verstanden und ich habe mich bei ihr sehr wohl gefühlt. In Beuel wurde ich auch eingeschult. Das war Ostern 1939.

Es gibt zu diesem Zeitpunkt kaum noch Schulen für jüdische Kinder. Viele werden aus den normalen deutschen Volksschulen aufgrund ihrer jüdischen Religion ausgeschlossen. Das beginnt schleichend und endet im Verbot. Daher besucht Michael Sternschein die jüdische Volksschule in Bonn, die 1934 eröffnet wird zum Schutz jüdischer Kinder.[11]

Man passte auf mich besonders auf. Auf dem Weg zur Schule wurde ich einen Teil begleitet. Ich musste über den Rhein nach Bonn laufen. Dort war ich dann sicher vor antisemitischen Angriffen, weil wir jüdischen Kinder unter uns waren. Mein Lehrer hieß Nußbaum. Er wurde später deportiert. Ich hatte einen kleinen Rucksack, darin war meine Schiefertafel. Und so lernte ich das Alphabet. Nur ein paar Monate ging ich dort zur Schule. Dann ließen mich meine Eltern von einem Freund zu sich nach Jugoslawien schmuggeln. Sie waren mittlerweile dorthin geflohen, weil die Situation in dem Balkanland für Juden noch erträglich war. Ich kann mich kaum daran erinnern. Alles musste sehr schnell gehen und niemand durfte davon etwas mitbekommen. Weil die Juden von der arischen deutschen Bevölkerung immer mehr isoliert wurden, musste man nicht befürchten, dass die Deutschen einen genauen Einblick in unsere Familie hatten.

Wir lebten unter uns, und die Juden rückten mehr zusammen, da sie nirgendwo mehr hin konnten. Auch wenn meine Großeltern nicht viel Judentum pflegten, waren sie nun gezwungen, sich täglich damit abzufinden. Sie gehörten nicht mehr zur Beueler Bevölkerung und waren auf einmal Unerwünschte. Ich glaube, sie hofften damals, dass dieser Spuk bald vorbei geht. Doch es sollte anders kommen. Wenn ich heute an meine Großmutter denke, sehe ich eine liebenswerte ältere Dame vor mir, die mir kaum einen Wunsch abschlug. Ich war ein braver Junge. Nicht so wie heute, eher schüchtern und bescheiden. Ich liebte meine Großmutter und wurde von ihr ebenso liebevoll umsorgt. In Beuel habe ich wieder ein Stück Kindheit erleben können, was ich auf den Fahrten mit meinen Eltern nach Spanien oft nicht konnte. Doch diese Kindheit war sehr kurz. Von den Boykotten gegen die Juden, also auch gegen das Geschäft meines Großvaters, habe ich nicht viel mitbekommen.

Meine Flucht aus Deutschland

Als mich der fremde Freund meiner Eltern eines Tages abholte, war ich ganz aufgeregt. Er sagte mir, er bringe mich zu meinen Eltern in ein Land, wo die Sonne scheint und das Meer ganz klar ist. Ich freute mich auf meine Eltern und die abenteuerliche Reise, die mir bevorstand. Meine Großeltern redeten mir sicher gut zu und freuten sich für mich. Sie haben damals auch als säkulare Juden bestimmt zu Gott gebetet, alles möge gut gehen. Ich spürte nichts von der Angst meiner Großeltern und der Traurigkeit, so sehr war ich voller Vorfreude. Ich verließ die Großeltern am Bahnhof in Beuel. Wir gingen noch gemeinsam durch das kleine Bahnhofsgebäude, kauften am Schalter eine Fahrkarte und warteten auf dem überdachten

Bahnsteig. Ich kannte den Bahnhof gut, weil wir hier ausstiegen, als meine Mutter und ich aus Spanien kamen. Damals war der Bahnhof ein Stück Heimat, wo die Großeltern uns erwarteten. Wir sind pünktlich gewesen und verweilten noch auf dem Bahnsteig. In ein Restaurant hätten wir nicht gehen können, weil dort Juden unerwünscht waren. Meine Großeltern erzählten von meiner Mutter, als sie so klein war wie ich, und sorgten für eine entspannte Atmosphäre.

Der Freund meiner Eltern war ein großer schlaksiger Mann aus Italien. Er sprach etwas Deutsch und wir freundeten uns schnell an. Normalerweise bin ich durch meine Erfahrungen mit den Nationalsozialisten anderen Menschen gegenüber misstrauisch geworden. Doch bei ihm war das anders. Er brachte Post von meinen Eltern für meine Großeltern und erzählte vom Vater und der Mutter. Gleichzeitig impfte er mir noch im Haus meiner Großeltern ein, niemandem ein Wort über meine Eltern und unsere Reise zu sagen. Ich solle mich als sein Sohn ausgeben und ihn mit „Papa" ansprechen. Da Giuseppe blaugrüne Augen wie ich hatte, hätte das sogar passen können.

Wir stiegen auf die Stufen, die in den Zug führten, und nachdem der Schaffner zur Abfahrt pfiff, setzte sich der Zug mit einem Ruck in Bewegung. Die Lok schnaufte unter den Anstrengungen und ich hatte das Gefühl, ihr fiel der Abschied ebenso schwer wie mir. Auf einmal war die Vorfreude verflogen und ich musste weinen, als ich meinen Großeltern zuwinkte. Meine Oma nahm das Taschentuch, mit dem sie winkte, an die Augen und mein Großvater umarmte sie. Das Bild habe ich noch heute vor Augen, wenn ich an sie denke. Es war das letzte Mal, dass wir uns sahen. Nun waren sie für immer allein. Der Sohn, die Tochter, der Schwiegersohn und ihr Enkel versuchten ihr Glück in einem anderen Land – fernab der Heimat. Während ich meiner Rettung entgegenfuhr, mussten die beiden Alten zurückbleiben und warten, bis die Nazis sie holten. Das war mir damals glücklicherweise nicht bewusst und ich hoffte, ich würde sie wiedersehen. Doch als 6-Jähriger denkt man nicht so weit, und für mich wurde das Leben im Zug interessanter.

Die Großeltern werden wie viele andere zumeist ältere Juden im August 1941 enteignet und müssen ins Sammellager Kloster Endenich übersiedeln. Von dort werden sie in den Osten nach Izbica südöstlich von Lublin deportiert, wo sie ermordet werden.[12]

Stolpersteine erinnern heute in Beuel an die ermordeten Großeltern
und die Mutter von Michael Maor / Privatbesitz Michael Maor

Wir fuhren nach Bonn, dann nach Köln und die Bahnhöfe wurden mit jedem Umsteigen größer. Viele Menschen hasteten zu den Zügen. Da Sommer war, machte es den Eindruck, dass sie in den Urlaub reisten. Doch die Gesichter dieser Menschen, wenige Wochen vor Kriegsausbruch, verrieten etwas anderes. Dazwischen sah ich immer wieder Polizei und Gestapo-Männer, die Reisende überprüften. Es wirkte bedrohlich und Giuseppe zog mich fest an sich, damit ich nicht verloren ging. Wir reisten so quer durch Deutschland, das ans Deutsche Reich angeschlossene Österreich bis nach Jugoslawien. Beim Grenzübertritt musste ich schlafen, damit die Flucht nicht aufflog. Deshalb verabreichte mir mein italienischer „Vater" einen Zaubertrank, wie er sagte. Es wird Alkohol gewesen sein, der mich umhaute, und ich schlief für Stunden ohne einen Mucks von mir zu geben. So verschlief ich die aufregendsten Momente dieser Fahrt, was uns sicher beiden den Kopf rettete. Giuseppe muss falsche Papiere beim Grenzübertritt gezeigt haben und die Kontrolleure und Zöllner haben statt der Papiere eher den Vater mit seinem schlafenden Jungen wohlwollend im Auge gehabt. Alles ging gut und ich habe nie wieder im Schlaf so große Hindernisse überwunden wie bei diesem Grenzübertritt.

So kamen wir in Zagreb an. Ich erinnere mich noch, als ich aussteigen sollte und man mir beim Herabsteigen der Stufen helfen wollte. Ich verweigerte jede Hilfe und sagte vehement: „Nein das kann ich allein, ich bin schon ein großer Junge."

Giuseppe fuhr dann von Zagreb wahrscheinlich wieder zurück nach Italien, und ich traf nach langer Zeit endlich meine Eltern wieder.

Ankunft in Zagreb

Bei dem großen Ansturm auf dem Bahnsteig dauerte es eine Weile, bis ich meine Mutter in dem Menschengewirr entdeckte. Die Mutter, die mich wenig später fest an sich drückte und voller Glück und Tränen abküsste. Daneben stand mein Vater, den ich schon gar nicht mehr kannte, weil er so lange weg gewesen war. Er wirkte freundlich und zufrieden, als er mich begrüßte. Es war ein wunderbares Ankommen bei meinen Eltern in einer mir doch so fremden Welt, voller fremder Klänge und Gerüche, die mir unbekannt waren. Zagreb, das hatte etwas Weltstädtisches. Das prächtige Bahnhofsgebäude wirkte wie ein großer Palast, in den wir als Juden noch hineindurften.

Es gab keine Verfolgung. Wir waren Touristen, die sich diese Stadt anschauten und hier Urlaub machten. So kam es mir vor. Wir mussten uns nicht verstecken, wir wurden wie Gäste empfangen. Es fühlte sich wunderbar an, als ich mit meinen Eltern an der Hand das ehrwürdige Bahnhofsgebäude verließ. Auf dem Vorplatz befand sich ein großer Park mit hübsch angelegten Wegen und großen Rasenflächen. Am liebsten hätte ich hier Fußball gespielt, aber ich genoss es doch mehr, mit meinen Eltern durch die gepflegten Anlagen zu flanieren. Auch wenn ich sehr müde gewesen sein muss, war ich von all den Eindrücken überwältigt und steckte voller Neugier und Energie.

Michaels Eltern Edith und Julius Sternschein wähnen sich 1940 in Jugoslawien in Sicherheit / Privatbesitz Michael Maor

Jugoslawien

In Jugoslawien gibt es auch Antisemitismus. Doch die Mehrheit der Menschen im Königreich beteiligt sich noch nicht an der antijüdischen Hetze, wie sie in Deutschland vorherrscht. Die jugoslawischen Juden erhielten sogar aus breiten Kreisen der Bevölkerung Unterstützung. Vladko Maček, der Vorsitzende der HSS, der größten kroatischen Partei, sagte noch 1938, dass „es nirgends eine jüdische Gefahr gebe und dass diese nur eine bloße Halluzination bestimmter Kreise wäre".[13] Die Mehrheit der Bevölkerung und der Politiker sind zu dieser Zeit noch nicht nazistisch indoktriniert. Neben der Rückendeckung durch die HSS-Partei verurteilt auch die katholische Kirche noch 1938 jegliche Form des Rassismus. Diese Äußerungen dürften dazu geführt haben, dass viele verfolgte europäische Juden in Jugoslawien Zuflucht suchen, da das Land als sicher gilt.[14] Die Sternscheins hatten das für sich entdeckt und holen in letzter Minute vor Kriegsausbruch im Sommer 1939 ihren Sohn zu sich.

Doch schon bald wendet sich das Blatt. Das bekommen vor allem die jugoslawischen Juden zu spüren. 1939/40 treten Gesetze in Kraft, die das jüdische Leben beschränken. So wird Juden der Handel mit Lebensmitteln verboten. Schüler und Studenten müssen für weiterführende Hochschulen und Universitäten einen Numerus Clausus erfüllen.

Mit dem Einmarsch der deutschen Wehrmacht in Polen bricht der Zweite Weltkrieg aus. Europa wird erschüttert. Das spüren auch diejenigen, die in Jugoslawien auf Rettung hoffen. Auf einmal werden sie wieder verfolgt und vorerst interniert. Die Sternscheins müssen Zagreb bei Kriegsausbruch verlassen. Alle Ausländer werden im September 1939 interniert. Die Sternscheins fahren von Zagreb nach Derventa, einer Stadt im bosnischen Teil des Königreichs. Sie liegt im Tal der Ukrina. Die kleine Provinzstadt *wird bis 1941 die Heimat der Sternscheins, die sie sich mit vielen anderen jüdischen Familien teilen, die in Jugoslawien auf Rettung hoffen. Noch geht es ihnen einigermaßen gut. Sie wohnen in einem Haus und können sich frei bewegen, dürfen aber die Stadt nicht verlassen. Die kleine Familie rückt eng zusammen.*

Michael mit seiner Mutter
1941 in Jugoslawien /
Privatbesitz Michael Maor

Leben in Derventa

Mein Vater war ein sehr geschickter Mann. Er fand immer eine Arbeit und war ein Meister im Organisieren. Das hat uns auch in Derventa geholfen. Er kannte viele Leute und Sprachen und wusste, wo er Lebensmittel besorgen konnte.

Es war für uns eine gute Zeit, an die ich mich leider nicht mehr erinnere. Vielleicht gab es dort sogar eine Schule, die ich besucht habe. Ich denke, dass unter den deutschen Juden auch viele Lehrer und Professoren waren. Die werden mich sicher unterrichtet haben. Mehr weiß ich nicht. Ich glaube, dass meine Eltern zu dieser Zeit überlegten, wie sie aus dieser Gefangenschaft entkommen können. Sie waren freiheitsliebende Menschen und ahnten mit Sicherheit die Gefahr.

„Heute interniert, morgen massakriert." Das war leider kein unübliches Schicksal in dieser Zeit. Außerdem hatten sie immer weniger Rücklagen. Es gab keine Bank, wo man als ausländischer Jude ein Konto haben konnte. Man lebte von der Hand in den Mund und musste ein Überlebenskünstler sein. Wir hatten jedenfalls viel freie Zeit und ich erinnere mich, wie mir mein Vater das Schachspielen beibrachte. Das ist das Einzige, was mir von ihm geblieben ist. Unsere Situation erinnerte an den kroatischen König Stjepan Držislav, der 997 Gefangener des Dogen von Venedig war. Nur durch den dreimaligen Sieg im Schach gegen seinen Kontrahenten konnte er seine Freiheit erspielen und ein Blutvergießen verhindern. Der Legende nach ist ihm zu Ehren das rot-weiße Schachbrett zum Wappen Kroatiens geworden. Wir haben in Derventa auch Schach gespielt, doch leider konnte kein Sieg die Schatten der Nationalsozialisten aufhalten und uns die Freiheit schenken. Für mich persönlich gehörten diese Partien mit meinem Vater zu den schönsten Erlebnissen mit ihm. Ich habe mich oft daran erinnert, als ich Vater war und später in Israel mit meinen Kindern Schach spielte. Heute spiele ich mit meinem Enkel Afek bei uns zu Hause in Modiin, wenn ich ihn von der Schule abgeholt habe und er nicht gerade FIFA an der Spielkonsole spielt. Da ist er manchmal gnädig und beschäftigt sich mit seinem Großvater.

Mit Kriegsbeginn wird auch die Lage für den jugoslawischen König kritisch. Er führt zwar das Königreich der Kroaten, Slowenen und Serben an, verliert zunehmend aber an Rückhalt. Gerade die kroatische Ustascha kämpft im Untergrund für ein unabhängiges Kroatien. Sie sieht im Kriegstreiber Deutschland einen potenziellen Verbündeten. Der rechtsextreme terroristische Geheimbund gründete sich in Folge der Proklamation der Königsdiktatur unter dem serbisch-jugoslawischen König Alexander I. Der fällt 1934 einem Attentat in Marseille zum Opfer. Sein Nachfolger, Prinzregent Pavle, setzt nach Kriegsausbruch zunächst auf den neutralen Status seines Landes. Später gibt er dem innenpolitischen Druck nach und orientiert sich in Richtung Deutschland, was am 25. März 1941 in der Unterzeichnung des Dreimächtepakts mit Hitlerdeutschland mündet. Zwei Tage später wird Pavle in einem Staatsstreich gestürzt. Der als volljährig erklärte echte Thronfolger von Alexander I., sein Sohn Peter II., wird von probritischen Offizieren und Politikern auf den Königsstuhl gehoben. Er soll Jugoslawiens neutralen Status wiederherstellen, was den Achsenmächten missfällt, die das Königreich nicht an die Briten verlieren wollen.

Die Deutschen kommen

Im April 1941 besetzen deutsche, italienische, ungarische und bulgarische Truppen das Land und teilen es auf. Die Ustascha wird für ihren Widerstand mit einem eigenen Ustaschastaat, dem „Unabhängigen Kroatien", belohnt. Dieser Staat umfasst das Staatsgebiet des heutigen Kroatiens sowie Bosnien und Herzegowina. Der neue Staat wird nach Vorbild Hitlerdeutschlands aufgebaut. Die Ustascha verfolgt Serben, Juden und Kommunisten. Am schlimmsten ergeht es den Serben, die von der Ustascha als Erstes verfolgt und getötet werden. Danach setzt die Ustascha alles daran, auch die Juden und Kommunisten zu vernichten.

Ich erinnere mich genau, wie das war, als die Deutschen unsere Stadt Derventa erreichten. Das sah aus, wie man es aus Filmen kennt. Mit Mannschaftswagen und schweren lauten Motorrädern und Maschinengewehren fuhren sie in den Ort hinein. Die Besatzer wirkten bedrohlich und gefährlich, auch wenn sie Deutsch sprachen. Ich fühlte mich sofort an Beuel erinnert, wo wir als Juden geächtet waren. Nun holte mich dieses Schicksal wieder ein. So richtig abschätzen konnte ich nicht, was mich erwartete, aber ich wusste, es war nichts Gutes. Dann ging alles ganz schnell, wie man es von den Deutschen gewohnt ist. Es gab neue Gesetze für uns und wir mussten alles sofort umsetzen, typisch deutsch. Die SS wusste schon, dass es in Derventa von ausländischen Juden wimmelt. Die wollten sie so schnell wie möglich in die Lager schicken. Gleich zu Beginn der deutschen Invasion in Derventa wurden wir gezwungen, den „Magen David" – den „Judenstern" – zu tragen, damit man uns besser erkennen und bei einer Razzia schneller aussortieren konnte. Ich fand das damals ungerecht und wollte keinen gelben Fleck tragen. Ich sah genauso aus wie unser Nachbarjunge, warum sollte ich diesen verdammten Stern tragen, der mir bisher nur Unglück gebracht hatte. Ich weigerte mich und meine Eltern haben das verstanden. Sie kümmerten sich nicht darum. Ich merkte, wie mein Vater einen neuen Fluchtplan entwickelte.

Noch sind die Deutschen nur wenige Tage in Derventa und haben längst nicht die Kontrolle über alle internierten Juden. Es gibt Schlupflöcher, was sich bald ändern wird. Wer fliehen will, muss jetzt schnell handeln. Deshalb fassen die Sternscheins den Entschluss, in die italienische Zone des besetzten Jugoslawiens zu fliehen. Die Italiener sind zwar Faschisten, aber sie töten nicht so gründlich die Juden wie die SS und die Ustascha.

Wann genau und wie wir aus der Stadt entkommen sind, weiß ich nicht. Derventa war eine kleine Stadt mit einem Markt und einer schönen Umgebung. Es lag inmitten uriger Wälder. Wahrscheinlich haben wir uns nachts abgesetzt und sind in der Dunkelheit in den Wald gelaufen. Der nächste Bahnhof befand sich in Doboj, das ist etwas 40 Kilometer von Derventa entfernt.

Mein Vater hatte großes Talent im Organisieren und irgendwie besorgte er uns eine Mitfahrgelegenheit dorthin. Die Bosnier waren damals auch gegen die Serben und Kroaten und haben uns wahrscheinlich unterstützt. In Doboj brauchten wir dann sicher Fahrkarten, die nur schwer zu bekommen waren, weil die Deutschen alle strategisch-wichtigen Plätze kontrollierten, dazu gehörte auch der Bahnhof. Sie wurden auch von einigen Kroaten bei der Judenjagd unterstützt, da sie in den Deutschen verbündete sahen, die den Weg für ein unabhängiges Kroatien ebneten. Man wusste nie recht, an wen man geriet. Wir hatten offenbar Glück, sonst wäre ich heute nicht mehr am Leben.

Die Sternscheins erreichen den Zug an die Küste nach Dalmatien. Dieser Teil ist zu diesem Zeitpunkt von den Italienern besetzt. Doch die Bahnfahrt ist alles andere als ungefährlich. Die Familie muss zuvor durch Sarajevo fahren. Die Deutschen haben dort noch nicht gewütet, dafür aber die Schergen der Ustascha. Sie holen bereits im April 1941 Juden aus den Wohnungen, um sie in die Konzentrationslager zu verschleppen. Da sind die Deutschen gerade in der Stadt angekommen.[15]

Das wussten meine Eltern sicher nicht, aber sie spürten, dass seit dem Einmarsch der Deutschen Jugoslawien kein sicherer Ort für uns war. Der einzige Ausweg blieb Dalmatien und die Hoffnung, dass die Italiener nicht wie die SS oder Ustascha kurzen Prozess machten. An die Zugfahrt erinnere ich mich gut. Meine Mutter versuchte mich abzulenken und erzählte die Märchen der Gebrüder Grimm. Die sind eigentlich grausam, aber haben oft ein gutes Ende. Und meine Mutter konnte sie so erzählen, dass sie keine Angst machten. Sie ließ die bösen

Stellen aus oder verharmloste sie, was mir gut gefiel. Als der Zug in Sarajevo einfuhr, merkte ich doch die Anspannung.

Dann kamen die Kontrolleure. Polizei oder irgendwelche Männer in Uniform. Mein Vater verließ in diesem Moment den Zug und war weg. Wir blieben sitzen, offenbar waren wir nicht so bedroht wie er. Nach gefühlt 15 Minuten setzte sich der Zug wieder Gang. Doch mein Vater war noch immer nicht zurück.

Plötzlich entdeckte ich durch das Fenster einen Mann, der auf den Zug zurannte. Es war mein Vater. Hinter ihm liefen andere Leute her, doch er war schneller und schaffte es, auf den Zug zu springen. Er kam ins Abteil, der Zug nahm Fahrt auf und die Männer, die ihn verhaften wollten, blieben zumindest jetzt auf der Strecke. Er ist auf den fahrenden Zug gesprungen, war ein echter „Survivor" – aber später leider nicht mehr.

Wir waren wieder ein Stück mehr in Sicherheit und fuhren weiter bis nach Metković oder Ploce an der Adria. Der Zug schob sich langsam durch viele Kurven, einen langen dunklen Tunnel, durch das Tal der Neretva bis ans Meer. Es war eine gemütliche Reise mit dieser besonderen Bummelbahn und ich bewunderte die Landschaft, die am Fenster vorbeizog. Bewaldete Berge, Kalkweiße Hügel und im Tal ein niemals endender Fluss. Es wirkte wie eine Urlaubsreise, doch ich spürte, dass dem nicht so war.

Als wir in Metković eintrafen, wirkten meine Eltern erleichtert. Wir sind wieder einmal unseren Häschern entkommen und am Leben geblieben. Im Hafen gingen wir an Bord eines Schiffes, das an der Küste entlang bis nach Split fuhr. Ich weiß nicht, ob meine Eltern von da nach Italien übersetzen wollten oder hofften, dort das Kriegsende zu erleben.

Die kommenden Wochen waren friedlicher und wir fühlten uns zeitweise wieder in Sicherheit, auch wenn in unseren Körpern stets Unruhe herrschte aus Angst vor dem Ungewissen, das uns erwartete. Diese Angst war mehr als berechtigt.

Auf dem Weg nach Rab

Das Schiff brachte uns zunächst nach Split. Vom Meer aus sieht diese Stadt prächtig aus. Die Hafenpromenade war von erhabenen Palmen gesäumt. Dahinter reihten sich elegante Häuser mit ihren hellen Fassaden aneinander. Alles wirkte aufgeräumt und einladend. Über den Dächern ragte ein großer Kirchturm aus dem Häusermeer empor, von dessen Spitze sich wahrscheinlich ein hervorragender Blick auf den Hafen und die Adria bot. Dorthin habe ich es nie geschafft. Dafür aber in die Gassen dieser altehrwürdigen Stadt, die sogar eine jüdische Gemeinde hatte, die aber zu unserer Zeit nicht offiziell existierte. Zwar deportierten die Italiener keine Juden, doch die Anfeindungen waren spürbar und die Zerstörungen jüdischer Plätze sichtbar. Später erfuhr ich, dass die Synagoge nach dem Krieg wieder zum Ort einer Gemeinde wurde, für jene, die überlebten und zurückkehrten.

Wir waren nur kurz in dieser prächtigen Stadt, bevor man uns nach Makarska verlegte, das südlich von Split liegt. Dort erlebten wir die schönste Zeit unserer Flucht. Es hatte etwas von Sommerurlaub. An der Adria posierten wir für den Fotografen und es entstanden die schönsten Aufnahmen von mir und meinen Eltern, die wir unserer Familie nach Amerika schickten.

Meine Großeltern waren zu diesem Zeitpunkt schon nicht mehr erreichbar. Wir wussten nicht, was mit ihnen geschehen war, hatten aber eine böse Vorahnung. Doch alle Sorgen wirkten in Makarska wie weggewischt, bis wir uns eines Tages wieder bei den Behörden melden mussten. Die hier in Makarska angelandeten Juden wurden gesammelt und auf eine Insel gebracht.

So gelangten wir zunächst auf die Insel Brač und später auf die Insel Rab. Auf diesen Inseln internierten die Italiener die Juden, um sie vom Festland wegzuholen. Von hier wäre es leicht gewesen, uns in die Vernichtungslager der Deutschen zu verlegen. Doch die Italiener retteten uns vor ihnen, auch wenn unsere Namen schon auf den von den Deutschen vorbereiteten Listen für die Deportation standen. Doch vorerst waren wir 1942 auf der Insel Rab in einem Konzentrationslager sicher. Das klingt komisch, war aber so. Es war kein Vernichtungslager wie Auschwitz oder Buchenwald. Hier konzentrierte man die Juden aus Jugoslawien. Von den Inseln war es schwer wegzukommen. Wir saßen nun fest und kamen nicht weiter, warteten auf das, was das Schicksal mit uns vorhatte.

Nachdem deutsche Truppen im Frühjahr 1941 das Königreich Jugoslawien besetzt haben, teilen sie es unter den Verbündeten auf. Die Adriaküste bekommen die Italiener. Sie errichten ab Sommer 1942 auf der Insel Rab mehrere Gefangenenlager für Kroaten und Slowenen, die im Verdacht stehen, zu den Partisanen zu gehören. Daneben werden auch 3500 Juden separat festgehalten. Sie werden entgegen den deutschen Forderungen nicht an das Deutsche Reich ausgeliefert, um sie in den Vernichtungslagern zu töten. Das ist für die Sternscheins ein großes Glück.[16] Außerdem leben sie im Lager etwas besser als die als Partisanen verdächtigten Häftlinge. Letztere hausen in Zelten, während Sternscheins in wetterfesten Baracken untergebracht werden.

Das Leben in Kampor, so hieß das KZ, war langweilig. Wir Kinder versuchten uns zu beschäftigen und bauten unser eigenes Spielzeug. Ich erinnere mich, wie wir aus Lumpen einen Fußball bastelten und damit auf dem staubigen Platz zwischen den Baracken spielten. Wir wohnten mit vielen anderen Familien zusammen und erwarteten ungeduldig, was kommen sollte. Die Verpflegung war schlecht, aber reichte. Aus dem Lager war kein Entkommen möglich. Die Baracken lagen zwischen Meer und Bergen geschützt hinter Stacheldraht. Neben uns waren die Slowenen inhaftiert. Nachts hörten wir oft Maschinengewehrsalven. Anfangs schreckte ich noch hoch. Später wusste ich, dass die Schüsse nicht uns galten. Vermutlich hatte man im Nachbarlager Partisanen getötet. Das passierte, den Schüssen zufolge, häufig. Wir Kinder hatten uns daran gewöhnt. Nur unsere Eltern sorgten sich.

Heute erinnert in Kampor ein Gedenkfriedhof an die ehemaligen Lager. Der Ort wirkt wie verwunschen. Nur die Grabsteine und das Mosaik in der kleinen Gedenkhalle zeugen von dem, was hier geschah. Unter Glas, aber längst von der Luftfeuchtigkeit angegriffen, sind einige Fotos vom Lager zu sehen. Doch sie sind kaum noch zu erkennen. Draußen klingt alles friedlich. Schließt man die Augen, hört man Vögel zwitschern und eine leichte Brise ist zu spüren, die vom Meer herüber weht. Statt Baracken und kahler Schotterplätze liegt hier heute der Friedhof, gesäumt von schattenspendenden Bäumen. Unterhalb des ehemaligen Lagergeländes bahnt sich ein Weg durch Schilf zum Meer in eine der für Kroatien typischen Badebuchten. Dass hier 2000 Menschen durch Krankheiten, Hunger und Exekutionen starben, ist heute unvorstellbar. Es gibt weder Baracken noch andere stumme Zeugen dieser Zeit, bloß die Gräber und Gedenksteine. Auch die Ausmaße der Lager sind heute nicht mehr erkennbar, da das Grün vieles überwuchert und wenig von den Ruinen der Baracken zurückgelassen hat. Nur das Mosaik in der kleinen Gedenkhalle vermittelt einen Eindruck vom Leben und Überleben der Häftlinge. Darauf sind zwei Gefangene zu sehen, die bis auf die Knochen abgemagert sind. Beide kauern auf dem Boden. Der Eine stemmt den Kopf verzweifelt nach unten gegen die Erde, der Andere, mit in Ketten gefesselten Beinen, schaut in die Ferne, als ob er von dort auf Hilfe hofft. Hinter den Häftlingen sind in kleinen viereckigen Bildern brennende Häuser, tote Tiere, Baracken oder der für die Partisanen stehende rote Stern. Im Gegensatz dazu stehen andere kleine Bilder mit hübsch verzierten Häusern und blühenden Landschaften. Sie zeigen die heile Welt hinter den zwei totgeweihten Häftlingen und in welchem Elend sie sich befinden.

Mosaik des slowenischen Architekten Edvard Ravnikar in Erinnerung
an die Opfer des Konzentrationslagers Rab / Sebastian Mantei

Der Gedenkfriedhof für die bekannten und unbekannten Toten des Lagers /
Sebastian Mantei

Die Sternscheins führen in Kampor ein vergleichsweise gutes Leben. Sie werden einigermaßen versorgt und müssen unter den Italienern nicht wie die Partisanen um ihr Leben fürchten. Bis zur Absetzung Mussolinis bleiben sie im Lager. Nachdem Italien mit den Alliierten einen Waffenstillstand vereinbart hat, wird das Lager im September 1943 aufgelöst. Juden und Partisanen verlassen gemeinsam die Insel in Richtung kroatisches Festland. Alte und kranke Häftlinge bleiben zurück. Diese 200 geraten wenige Wochen später unter deutsche Besatzung und werden 1944 von der SS ins Vernichtungslager Auschwitz deportiert. Die Sternscheins gehören zu jenen Familien, die im September zum Festland übersetzen und vorerst ihren Verfolgern entkommen.

Freiheit und Flucht

Wir sind mit einem kleinen Bötchen, das die Kroaten Trabakula nannten, von Rab nach Senj übergesetzt. Es war wunderbar. Das kleine Boot hatte ein Segel und einen Motor, der laut, aber unaufgeregt dahintuckerte. Die warme Septemberluft wehte uns um die Nasen und es roch nach Freiheit.

Meine Eltern fingen wieder an zu hoffen und überlegten sicher, wie wir uns am Festland vor den Deutschen in Sicherheit bringen würden. Ihnen war klar, dass sie weiter verfolgt würden, entweder von der SS oder der Ustascha. Mir gegenüber versuchten sie nicht mehr, eine heile Welt vorzuspielen. Ich lernte, misstrauisch zu werden, und klammerte mich mehr an meine Eltern als je zuvor. Ich wollte, dass wir für immer zusammen bleiben. Nichts sollte uns mehr trennen und ich träumte von einer gemeinsamen Zukunft. Ich wollte wieder ein Zuhause haben, meine Eltern sollten einer normalen Arbeit nachgehen und meine Mutter sollte mich verwöhnen, so wie es die Großmutter einst in Beuel machte. Doch dieser normale Alltag war im Herbst 1943 undenkbar. So schaukelten wir auf dem motorisierten Trabakulaboot, das „tuck tuck tuck" machte, einer ungewissen Zukunft entgegen und setzten nach Senj über.

Diese Stadt wirkt wie eine Festung. Die Bewohner kämpfen immer wieder mit der Bora. Das sind Fallwinde, die bis zu 200 km/h stark wehen und alles mitreißen. Schutz sollen die hohen Mauern bieten. Hier wollen Sternscheins nicht bleiben, denn die Mauern mögen vor Winden schützen, aber nicht vor der Ustascha.

Ich habe damals zum ersten Mal richtig mitbekommen, dass wir um unser Leben laufen. Wenn man das als Kind schon realisiert, ist es unheimlich. Seit ich denken kann, sind wir auf der Flucht gewesen. Selbst wenn ich heute als alter Mann daran zurückdenke, was ich als Kind wegstecken musste, bleibt mir das Blut in den Füßen stecken. Es ist unglaublich, dass ich das überlebt habe. Ich hatte keine Wahl, konnte nur weglaufen und wusste nie, wo mein Ziel war. Es gab keinen Ausweg und ich habe versucht weiterzukommen. Geht es gut oder bleibe ich irgendwo hängen, dann habe ich eben Pech gehabt. Das wurde mir damals bewusst und ich bekomme heute noch Gänsehaut, wenn ich an diese Zeit denke, in der ich die ersten Toten gesehen habe, Gewehrsalven und Maschinengewehrrattern zum Alltag gehörten. Das ist alles sehr unheimlich gewesen.

Abschied für immer

Es war schon Herbst und die Temperaturen wurden insbesondere nachts ungemütlich. Statt uns ein festes Quartier für den Winter zu suchen, versuchten wir so weit wie möglich weg zu kommen, um uns vor den Deutschen zu verstecken. Meine Eltern wussten von den Partisanen, dass es große Teile Jugoslawiens gab, die unter Kontrolle der Tito-Partisanen standen. Die Deutschen und insbesondere die Ustascha unternahmen aber immer wieder Aktionen, um diese Gebiete den Partisanen zu entreißen. Leidtragende waren Partisanen und Zivilbevölkerung. Es kam immer wieder zu Massakern und niemand war irgendwo sicher. Das traf vor allem für verzweifelte Juden zu, die in diesem Gebiet auf der Flucht waren und weder Sprache noch die örtlichen Gegebenheiten kannten. Wir waren eigentlich hoffnungslos verloren, doch setzten wir alles daran, unserem Glück auf die Sprünge zu helfen.

Nachdem wir Senj verlassen hatten, liefen wir viele Kilometer zu Fuß. Manchmal konnten wir uns auf einen Ochsenwagen setzen und etwas durchatmen. Doch es blieb keine Zeit für eine längere Rast. Ich entsinne mich, dass wir Tag und Nacht gelaufen sind. Der Winter, der kam, war sehr hart. Das galt nicht nur für die Wehrmacht in Russland, sondern auch wir litten in Jugoslawien mit unserer unzureichenden Bekleidung unter diesem harten Winter. Wir kamen in ein von Partisanen kontrolliertes Dorf in der Nähe von Topusko. Es hieß Glina und befand sich am gleichnamigen Fluss. Die Bauern nahmen uns auf und versorgten uns. Sie waren auch gegen die Faschisten und retteten uns. Sie versorgten uns und verrieten keine Juden, wie das die Polen getan haben. Es war warm und auch, wenn wir nicht viel hatten, freuten wir uns, am Leben zu sein. Mein Vater half im Ort, wo er konnte. Wir hatten ja nichts, um uns bei den Bauern zu bedanken.

Die Bauern in Glina sind serbisch-orthodox. Ihr Ort steht seit dem Mai 1941 als Synonym für die Zwangskatholisierung im 2. Weltkrieg. Zwei Jahre, bevor die Sternscheins hier Zuflucht suchen, wird in der Nacht vom 12. Mai 1941 die serbisch-orthodoxe Bevölkerung, die sich nicht umtaufen lässt, von Ustaschamilizen in eine Kirche getrieben. Die Ustascha misshandelt die Menschen und zündet schließlich das verriegelte Gotteshaus an. Niemand in der Kirche überlebt das Massaker. Dieser Schock sitzt tief bei den Überlebenden und der Hass auf die Ustascha wächst. Das ist ein Grund, warum die Bauern von Glina die von den Nationalsozialisten Verfolgten unterstützen und ihnen Obdach bieten.[17]

Doch uns blieb nicht viel Zeit zum Ausruhen, denn die Ustascha startete eines Tages eine Invasion. Schwere Fahrzeuge rollten ins Dorf. Bewaffnete Soldaten stürmten die Häuser und suchten Juden. Wir hatten Glück, weil unser Haus am anderen Ende des Dorfes lag. Es ist nicht auszudenken, was passiert wäre, wenn sie von unserer Seite ins Dorf gefahren wären. Ich erinnere noch, wie die Bauern schrien: „Komm, Komm!" Unser Haus war etwa 100 Meter vom Wald entfernt. Wir rannten wieder einmal um unser Leben. Ich erinnere mich, wie meine Mutter nach links lief, mein Vater geradeaus und ich hinterher. Es waren die schnellsten 100 Meter, die ich je gelaufen bin.

Man hatte nach mir geschossen, doch nicht getroffen. Erst als ich ein gutes Stück in den Wald gelaufen war, war ich außer Schussweite und konnte kurz innehalten. Als ich im Wald war, ließen meine Verfolger von mir. Zu groß war ihre Angst, in einen Hinterhalt der Partisanen zu geraten. Ich bin wieder einmal davongekommen. Doch meine Mutter war weg und ich im Ungewissen, ob sie überhaupt noch lebte. Ich war erschöpft, atemlos, zitterte am ganzen Körper und musste weinen, weil, egal wo wir waren, nirgendwo ein Funken Hoffnung war, aus dieser Hölle zu entkommen. Die Teufel waren besessen von dem Gedanken, uns zu fassen und zu töten. Doch ich wollte noch nicht sterben. Ich war ein traumatisiertes Kind, das an seinem erbärmlichen Leben hing. Ich wollte einfach irgendwohin, wo etwas Frieden herrschte, wo niemand auf mich schoss.

Nachdem ich mich einigermaßen beruhigt hatte, traf ich meinen Vater, der den Wald nach mir und meiner Mutter durchkämmte. Wir trafen aber nur uns. Offenbar hatten andere Juden es nicht geschafft, der Ustascha zu entgehen. Mein Vater entschied, dass wir die Nacht im Wald verbringen sollten und nicht wieder zurückkehren. Es war eisig kalt, doch die Todesangst vertreibt selbst die Kälte. Das ist heute alles unvorstellbar. Wir hatten nichts, nur die Sachen, die wir am Körper trugen, alles andere war weg. Ich weiß bis heute nicht, wie es mein Vater geschafft hat, uns mit Essen zu versorgen. Er hatte doch auch nichts.

Wir versteckten uns hinter den dicken Bäumen und blieben ganz still. Die Gefahr war noch nicht vorüber. Plötzlich hörten wir Schritte. Mein Herz schlug höher, ich bekam wieder Angst.

Es war eine Patrouille, doch von woher kam sie? Wir wussten nicht, ob es sich um Ustascha oder Partisanen handelte. Dann musste ich husten. Geistesgegenwärtig hielt mir mein Vater den Mund zu und flüsterte, ich solle tief atmen. Meine Augen tränten und das Kribbeln im Hals wollte nicht aufhören, doch er schaffte es, mich ruhig zu halten. Hätte er das nicht gemacht, würdest du mich heute nicht mehr sehen. Als sie weg waren, sind wir in ihre Richtung gegangen. Im Wald ist man sicher, aber man weiß nie, wer einem begegnet. Die Dörfer waren in dieser Gegend von der Ustascha kontrolliert oder von Partisanen. Das war aus der Ferne nicht zu erkennen. Wir haben dann ein Dorf entdeckt, das glücklicherweise in der Hand der Partisanen war. Wir befanden uns also in einem Gebiet, das die Partisanen erobert hatten, und konnten neuen Lebensmut fassen. Erkannt haben wir das, weil wir einen Wagen mit toten Partisanen entdeckten, der durch das Dorf geschoben wurde. Das muss im Dezember 1943 gewesen sein.

Meine Mutter traf uns später in der Stadt Topusko wieder. Sie ist mit einer Dame namens Volga geflohen. Sie half ihr bei der Flucht und Volga hatte das Geld, mit dem sie Leute bestochen haben, damit man sie beide nicht an die Ustascha verriet. So konnten sie sich mit Volgas Dukaten den Weg nach Topusko erkaufen. Ich erinnere mich daran, weil ich diese Frau später in Jerusalem besucht habe. Sie wohnte in der Asastraße. Zuletzt war ich 1951 bei ihr. Sie sagte damals: „Micha, du bis jetzt im Militär und verdienst dein eigenes Geld. Ich hätte jetzt gern das Geld zurück, das ich für deine Mutter ausgegeben habe." Darauf erwiderte ich, dass es schön von ihr war, aber sie solle nicht vergessen, dass meine Mutter sie gerettet habe und sie dann beide mit Volgas Geld die Bauern bestochen hätten. Das heißt, ich schulde ihr nichts und werde auch nichts zahlen. So etwas gab es auch, dass Leute trotz des gemeinsamen Elends dann Forderungen aufstellten und aus dem Leid Geld schlagen wollten. Ich habe Volga nie wieder gesehen.

Zurück nach Topusko: Im Januar 1944 versuchten wir dort ein normaleres Leben zu beginnen. Mein Vater führte ein kleines Café. Es waren viele Leute dort, sogar Amerikaner und Engländer, die über Partisanengebiet mit ihren Flugzeugen abgeschossen worden waren und dort auf das Kriegsende warteten. Die Engländer haben damals die Partisanen unterstützt und ihnen Waffen an Fallschirmen abgeworfen. Der Krieg schien auch schon entschieden, doch der Balkan blieb umkämpft, weil die Ustascha ihren kroatischen Nationalstaat erhalten wollte. Sie kämpften bis zum letzten Mann mit den Deutschen. Es war ein Friedenssommer mitten im Krieg. Wir lebten das erste und letzte Mal als normale Familie. Der Krieg schien weit weg zu sein. Wir waren wieder vereint und mein Vater liebte sein Café. Ich habe ihn dort oft besucht. Es gab keine Schule, aber meine Mutter versuchte mir dennoch einiges beizubringen und ich denke gern an diese gemeinsamen Stunden zurück. Normalerweise geht man nicht gern in die Schule. Doch meine Mutter war die beste Lehrerin, die ich je kennengelernt habe.

Aber der Herbst brachte den Krieg zurück. Eines Tages starteten die Deutschen und ihre Verbündeten eine Offensive und besetzten meine neue Heimatstadt Topusko. Panzer und Lastwagen rollten in den Ort. Soldaten schwärmten aus und schossen auf alles, was sich bewegte. Ich hatte den Eindruck, hier wollte niemand Gefangene machen. Ich stand mitten auf der Hauptstraße, als die schweren Fahrzeuge anrollten. Der Wald war nicht weit entfernt und ich rannte wieder um mein Leben. Ich hörte Schüsse, aber nach mir wurde dieses Mal nicht geschossen. Damals war ich elf Jahre alt und blieb im Wald alleine. Ich wartete, dass die Deutschen wieder abzogen und die Partisanen zurückkehrten. Das dauerte zwei Tage. Da ich damals auf der Straße allein unterwegs war, habe ich meine Eltern nicht gesehen. Ich weiß nicht, ob sie meinen Vater im Café erschossen haben, ob sie meine Mutter im Wald erwischten oder in unserer Wohnung.

Ich habe nichts gemacht. Ich stand nur da und lauschte, wartete und fühlte mich wie ein verlassener Hund, den niemand vermisst.

Als ich ins Dorf zurückkehrte, nahm mich der Vater meines Freundes Ruven Kohn zur Seite. Er kniete sich zu mir nieder und hielt meine Schultern fest. Er blickte mir in die Augen und ich merkte, dass etwas Schlimmes passiert sein musste. Er sagte: „Micha, deine Eltern sind tot." Ich riss mich los, rannte fort und weinte. Noch heute erinnere mich an den inneren Schmerz, den ich spürte, an die Angst vor dem Alleinsein und die Verzweiflung in mir. Ich hatte plötzlich niemanden, der mich beschützte, der mich mitnahm, der für mich da war und mich versorgte. Der mir Geschichten erzählte, an den ich mich lehnen konnte, der mich in den Arm nahm und der mir immer wieder Hoffnung machte. Vater und Mutter waren tot, für immer? Werde ich sie nie wieder sehen? Das wollte ich alles nicht glauben, aber diese Tatsache stand fest. Ich wollte es nicht verstehen, doch plötzlich war ich ganz alleine. Mit elf Jahren hatte ich alles verloren, was mir lieb war. Meine gesamte Familie wurde umgebracht, nur ich lebte noch. Erst später habe ich von meinen Onkels und einer Tante gehört, die auch lebten. Aber in Topusko wusste ich das nicht.

Seit Oktober 1944 war ich nun ein professionelles Waisenkind. Hätte es die Offensive nicht gegeben, hätten meine Eltern überlebt. Wer weiß, was ich dann geworden wäre, was ich für ein Leben gehabt hätte. Doch das werde ich nie erfahren. Ich war nun alleine, ein „Mann" mit elf Jahren, der als Einziger seiner Familie weiter ums Überleben kämpfte.

Allein gegen den Rest der Welt

Die Familie Kohn war mit meinen Eltern befreundet. Sie konnten sich nicht um mich kümmern, versprachen aber, nach mir zu sehen, wenn ich im Kinderheim wäre. Sie sorgten dafür, dass ich in ein Kinderheim der Partisanen kam. Dort gefiel es mir überhaupt nicht. Ich konnte zwar etwas die Sprache der anderen Kinder. Die hänselten mich aber und waren aus ganz anderem Holz. Ich war damals ein braver Junge, gut erzogen und konnte keiner Fliege etwas zuleide tun. Ganz anders waren diese Kinder drauf. Sie hatten früh gelernt, sich durchzusetzen, nachdem ihre Eltern getötet oder verschleppt worden waren. Wir alle hatten unser Päckchen zu tragen, doch sie zeigten sich wenig solidarisch und mobbten mich als dreckigen Juden. Dreckig waren wir alle und alle Opfer dieses dreckigen Krieges. Ich bekam hier eine weitere Lektion durch meine unliebsamen Mitbewohner in Sachen Überlebenskampf. Ich habe mir das ein paar Mal angehört, als sie mit ihren „dreckiger Jude"-Sprüchen kamen, dann platzte mir der Kragen und ich hielt dem Anführer den Mund zu. Ich hatte mittlerweile Kräfte, die ich vorher nicht kannte. Außerdem gab es keine Mutter und keinen Vater, die mit mir hätten schimpfen können. Ich habe kurzzeitig meinen Platz verteidigt und war nicht mehr das Opfer meiner Mitbewohner, bis die Kohns nach mir sahen.

Sie fragten mich, ob alles in Ordnung sei. Ich verneinte und bettelte sie an, mich dort rauszuholen. Die Kohns waren reiche Leute gewesen und hatten einiges von ihrem Vermögen in Golddukaten mitnehmen können. Eine dieser Dukaten sicherte mir dann den Verbleib mit anderen jüdischen Kindern in einer Familie in Split. Dort warteten wir auf das Kriegsende, wussten aber nicht, wie es weitergeht. Das Einzige, was ich hatte, waren die Kohns, die sich für mich irgendwie verantwortlich fühlten.

Wir trafen die Familie von Victor und Rusa Kohn mit ihren beiden Söhnen Ruven und Roman in Rab im Lager. Die Erwachsenen verstanden sich gut und für Ruven wurde ich wie ein Bruder. Während ich später nach Palästina gelangte, kehrten die Kohns nach Jugoslawien zurück, bis Tito den Juden die Ausreise erlaubte. Sie waren Zionisten und hatten ein Vermögen in Zagreb gemacht. Damit konnten sie in Israel gut starten. Victor Kohn hatte die erste Espressomaschine in Haifa, die er von einem Onkel aus Mailand bekam. Später zogen sie nach Nahariya nördlich von Haifa und hatten zwei Geschäfte.

Ich wartete wieder einmal und hoffte, das Schicksal würde es endlich gut mit mir meinen. Auf der Straße wurde ich immer wieder mit meinem jüdischen Glauben aufgezogen, aber mittlerweile war ich nicht mehr wehrlos. Wer aufmuckte, bekam eine gewischt, das tat weh. Mich sollte nie wieder jemand als „dreckigen Juden" beschimpfen, das habe ich mit eigenen Kräften durchzusetzen gewusst. Der brave Micha wurde zu einem liebevollen Rüpel, der sich zu wehren wusste.

Die Familie in Split sorgte dafür, dass ich nach dem Krieg mit dem Schiff nach Bari gebracht wurde. Das hatte alles Viktor Kohn bezahlt. Im Februar 1945 kam ich nach Bari und lebte wieder in einer fremden Familie, für einen Monat, bis mich die jüdische Brigade holte und in ein Waisenkinderlager bei Rom brachte. Die jüdische Brigade kaufte ein landwirtschaftliches Gut, wo sie dieses Lager errichtete und jüdische Kinder aus ganz Europa holte, um sie von dort nach Palästina zu schicken.

Hier waren viele jüdische Kinder und irgendwie fühlte ich mich nicht mehr so allein. Wir hatten sogar jüdische Betreuer aus Palästina. Meiner hieß Avraham. Er erzählte uns vom Land unserer Ahnen, das nun die Zionisten wieder aufbauten und besiedelten. Er sprach von harter Arbeit, aber auch vom Glück, endlich eine jüdische Heimstatt zu errichten. Er erzählte von Kibbuzim, von Arabern, vom Meer und von blühenden Gärten. Es klang wie ein Märchen und ich wollte unbedingt dorthin.

In diesem Camp habe ich auch meinen Freund Moshe Garti kennengelernt, mit dem ich bis heute befreundet bin. Wir haben gemeinsam unsere ersten Schritte in Palästina gemacht.

Irgendwann war es soweit. Ein britischer Militärtransporter holte uns früh am Morgen ab. Wir fuhren lange über holprige Wege und Straßen bis nach Neapel. Diese Stadt war riesig und es herrschte viel Verkehr, weil mit dem Kriegsende viele Soldaten hier verschifft wurden. Die Nazis waren vertrieben und die Nachkriegszeit hatte hier längst begonnen. Nichts erinnerte mehr an Mussolini und seine Kollaborateure. Es war ein Italien, das sich im Aufbruch in eine neue Zeit befand, und wir fuhren mit dem Armeelaster bis in den Hafen. Dort erwartete uns die „Meteora". Es war ein illegales jüdisches Flüchtlingsschiff, das Holocaustüberlebende nach Palästina bringen sollte. Über eine spartanische Treppe an der Seite bestiegen wir die „Meteora".

Wenn ich an die Überfahrt denke, dann erinnere ich mich an schlimme Bilder. Auf dem Schiff waren neben uns Kindern auch 600 ehemalige Häftlinge aus Auschwitz.

Ich mied jeden Kontakt mit ihnen. Sie sahen aus wie Gespenster und waren apathisch. Ihre Blicke waren leer und die ausgemergelten Körper hatten kaum Kraft. Ich war der Meinung, dass sie nach Tod rochen, und wollte mit ihnen auf keinen Fall in Kontakt kommen. Die meisten von ihnen blieben unter Deck. Ich schlief oben auf dem Deck und wollte nicht runter zu ihnen, so sehr fürchtete ich mich, ich könnte womöglich irgendeine Krankheit bekommen. Es schaudert mich bis heute, wenn ich an den Anblick dieser armen Kreaturen denke, die das Schlimmste durchlebten und nun halbtot oder schwer traumatisiert Europa verließen.

Viele von ihnen sterben später in Palästina, da die medizinische Versorgung schlecht ist und die provisorischen Krankenstationen kaum die Möglichkeiten haben, so viele so kranke Menschen gesund zu machen. Viele von den Überlebenden sterben an den Folgen der Unterernährung. Hinzu kommen viele psychische Krankheiten. Leute mit diesen Problemen bekommen so gut wie keine Hilfe in einem Land, das selbst ums Überleben kämpft und dessen Bevölkerung sich gegen Angreifer zur Wehr setzen muss.

Ich hielt mich an meinen Freund Moshe, den ich aus dem Lager der jüdischen Brigade kannte. Wir waren auf die neue Heimat gespannt, von der wir so wenig wussten. Moshe überlebte mit seiner Familie in einem Versteck bei einer italienischen Familie nördlich von Venedig. Die Familie wurde später in Yad Vashem als Gerechte der Völker geehrt, weil sie den Gartis das Leben gerettet hatte. Moshes Eltern wussten damals nicht, wie es in Europa weitergehen würde, und schickten ihren Sohn ins Lager der jüdischen Brigade bei Rom, wo wir uns kennenlernten.

Ankunft in Palästina

Die Schiffspassage dauerte drei Tage.
Am 15. Juli 1945 legten wir in Haifa an.
Wir bewunderten das Karmelgebirge [18] und die Stadt, die davor lag. Haifa, das klang nach Freiheit, nach Frieden und weckte Sehnsucht nach einem Zuhause. Die Ankunft verlief dann sehr unwirtlich. Denn man empfing uns nicht als Gäste

oder Juden, die endlich ins Land ihrer Vorväter zurückkehrten, sondern wir kamen als illegale Flüchtlinge und wurden von den Briten behandelt, als hätten wir etwas verbrochen. Man sperrte uns in Militärtransporter, die nach Atlit rollten. Das war das Lager für illegale Flüchtlinge. Wie im KZ mussten wir uns hier ausziehen und unter Duschen stellen. Die Häftlinge aus Auschwitz drehten völlig durch. Sie durchlebten wieder die Erinnerungen an die Vergasungen in Auschwitz, die auch in Duschräumen stattfanden. Das war schlimm für sie und auch für uns Kinder. Doch statt Gas kam Desinfektionsmittel aus diesen Duschen. Mit DDT wurden alle Neuankömmlinge abgespritzt, um jeden Keim zu töten, der an uns war. Die Baracken, in denen wir abgeduscht wurden, stehen heute noch. Man prüfte uns auf Herz und Nieren, ob wir gesund seien und keine schlimmen Krankheiten einschleppten.

So waren wir in der neuen Heimat angekommen und saßen wieder in einem Lager fest. Nur Eines wurde uns schnell bewusst, auch wenn man nicht sonderlich liebevoll mit uns umging: Niemand wollte uns töten. Wir mussten zwar wieder hinter Stacheldraht ausharren, aber das Essen war nicht schlecht, wir hatten ein festes Dach über dem Kopf und hofften auf einen Ausweg aus diesem Lager.

Noch immer gibt es Baracken in Atlit, die an die Unterbringung der Flüchtlinge aus Europa erinnern. Heute sind sie ein Museum und für viele Israelis, die diesen Ort passierten, hat er eine ähnliche Bedeutung wie Ellis Island vor New York. Den Juden erging es hier nicht anders und sie wurden untersucht, geimpft oder in Quarantäne gesteckt. Das war damals, wie vielleicht heute auch, eine lieblose Behandlung.

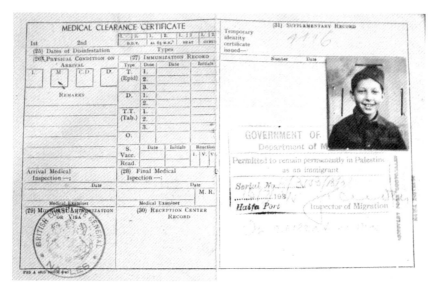

Michael Sternscheins Einreisedokument für Palästina / Privatbesitz Michael Maor

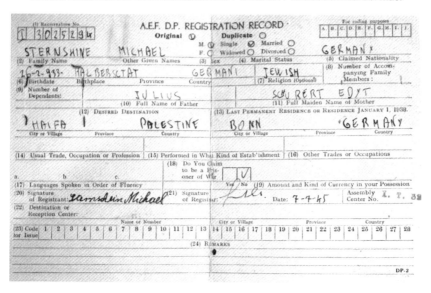

Nach zehn Tagen war es soweit. Erst holte man uns in einen Kibbuz, dessen Namen ich vergessen habe. Aber wir waren schon zu groß, sodass man uns weiterschickte nach Mizrah. Es kamen zwei Israelis, die uns in einer komischen Deutsch klin-

51

genden Sprache anredeten. Ich hatte das schon mal gehört und verstand auch etwas, aber nicht viel. Es war Jiddisch und die beiden nahmen uns mit. Mein Freund Moshe, der nur Serbokroatisch konnte, verstand kein Wort. Ich übersetzte für ihn und so sind wir zusammengeblieben.

Kibbuz Mizrah

Ich hatte keine Ahnung, was ein Kibbuz ist. Man sagte uns, da sei so etwas wie ein Kinderheim und es gebe eine Schule. „Dort müsst ihr schnell Hebräisch lernen."

Moshe und ich wurden einer kleinen Frau vorgestellt, die Sabina hieß. Diese zierliche Person sprach Jiddisch und brachte uns nun Hebräisch bei. Es musste schnell gehen, da die Schule sechs Wochen später begann, und dort wurde ausschließlich in Hebräisch unterrichtet. Ich erinnere mich, dass es schwer gewesen ist, die neue Sprache mit den merkwürdigen Buchstaben zu lesen. Aber irgendwie ging es und es fiel uns immer leichter.

Bessere Zeiten für Michael Sternschein –
Jugend im Kibbuz Mizrah /
Privatbesitz Michael Maor

Im Kibbuz Mizrah kam ich zum ersten Mal in meinem Leben zur Ruhe. Seit meiner Geburt war ich immer auf der Flucht gewesen. Ich hatte nie ein richtiges Zuhause, und immer wenn ich mich irgendwo wohl fühlte, musste ich wieder weg, weil man mich töten wollte. Ich habe alles verloren, doch daran denkt man nicht, wenn man auf der Flucht ist. Die Zeit ist zu aufregend, als dass man Zeit hat, in sich zu gehen und die Dinge zu reflektieren. Hier in Mizrah war das anders. Ich hatte viel geweint, als mir bewusst wurde, dass ich ganz alleine war. Es war so schlimm, dass ich schon keine Tränen mehr gehabt habe. Ich war allein und gehörte niemandem. Es war sehr schlimm!

Es fiel mir auch schwer, mich von alten Gewohnheiten zu verabschieden. Zum Beispiel fand man unter meiner Matratze immer ein Stück Brot. Das habe ich im Kinderheim gelernt, etwas zurückzulegen, worauf man zurückgreifen konnte. Kinder, die nicht den Holocaust erlebt und immer in Palästina gelebt hatten, verstanden das nicht und machten sich darüber lustig.

Spurensuche in Mizrah –

Wiedersehen mit Moshe

Fast 70 Jahre, nachdem Michael Maor den Kibbuz zum ersten Mal betreten hat, kehrt er an die Stelle zurück, wo er sein neues Leben begann. Auf dem Weg von Modiin nach Mizrah befahren wir neue Autobahnen, durchqueren die Israelebene, wo die Kibbuzniks einst mit einem erbeuteten Panzer eine transjordanische Polizeistation angriffen, wie Micha Maor später erzählen wird. Wir fahren weiter an einem Zug vorbei, der wie eine deutsche Regionalbahn aussieht. Lediglich die hebräische Schrift in der Anzeigetafel weist darauf hin, dass der Zug nicht nach

Potsdam, sondern nach Afula fährt. Wir fahren weiter und entdecken den Kibbuz. Von der Straße wirken Bistro und Hotel am Eingang zum Kibbuz wie eine Raststätte, die man aus amerikanischen Filmen kennt. Wir passieren den Haupteingang und Micha fährt zielsicher den Parkplatz an.

Im Bistro treffen wir Moshe Garti. Beide gehen leicht gebeugt und man hat den Eindruck, dass sie schon einige Lasten auf ihrem Rücken durchs Leben getragen haben. Moshe und Micha strahlen übers ganze Gesicht. Wir setzen uns an den Tisch und Micha macht mit der Kellnerin Witze, die ich nicht verstehe, weil sie auf Hebräisch sind. Beide wirken glücklich, als sie sich sehen, und Micha sagt, diese Wiedersehen seien nicht selbstverständlich. Immer mehr Freunde und alte Kameraden seiner Generation sterben weg. Nicht so Moshe und er. Beide plaudern und lachen. Sie telefonieren regelmäßig, aber besucht haben sie sich lange nicht. Deshalb ist dieser Tag ein besonderer Tag.

Rückkehr alter Weggefährten – Michael Maor besucht seinen Freund
Moshe Garti 2017 im Kibbuz Mizrah / Sebastian Mantei

Auch wenn die alten Knochen nicht immer wollen, die Erinnerungen an jene Jahre, in denen beide hier aufwuchsen, beim Aufbau halfen und für ihre Rechte kämpften, sind noch immer lebendig. Schwer haben es die wenigen Kinder hier gehabt, die den Holocaust überlebten. Statt die Holocaustkinder liebevoll zu behandeln, wurden die Kibbuzkinder ihnen vorgezogen. Doch Micha hat gelernt, sich zu verteidigen. Sein Freund Moshe Garti sagt 2017 über ihn, dass er kräftig und groß war und er sich in Michas Gegenwart sicher fühlte. Moshe erzählt, es war für die Kinder aus Europa nicht einfach. Die Kibbuzkinder waren immer besser gestellt. Während Moshe, Micha, Itzik, Ruven und Odet manchmal hungrig waren, bekamen die anderen alles, was sie wollten. Das schmerzte sehr, so Moshe Garti. Sie ärgerten die Waisenkinder, aber dank Micha konnten sie sich wehren. Wenn es Streit gab, teilte er aus und die anderen ließen von ihm und seinen Freunden ab.

Holocaustkinder haben
keine Lobby im Kibbuz

Wir waren fünf Kinder, die den Holocaust überlebt hatten. In Mizrah wurden wir Pflegefamilien zugeteilt. Jeden Freitag konnte ich dort auf einen Tee hinkommen. Meine Pflegeeltern waren um die 30 Jahre alt. Doch ich hatte wenig Vertrauen zu ihnen, da sie ihre eigenen Kinder immer bevorzugten. Es war für die Familien auch nicht einfach, mit uns Holocaustkindern umzugehen. Wir waren vielleicht erst 13 Jahre alt, mit unseren Erfahrungen, die wir auf der Flucht gesammelt hatten, mit den grauenvollen Erinnerungen von Leichenbergen und Schießereien waren wir aber viel älter und hatten schon die

Reife von 18-Jährigen. Die gleichaltrigen Kinder im Kibbuz wirkten auf uns wie Babys. Es waren verwöhnte Gören, die nicht einen Hauch von dem wussten, was wir kannten.

In der Woche lebte ich in einer Art Kinderheim, wo wir in Gruppen nach Alter eingeteilt waren. Wir waren 18 Kinder in der Klasse und haben dasselbe Haus bewohnt. In unserer Klasse waren Kinder aus dem Kibbuz und wir fünf, die aus Europa kamen und den Holocaust überlebt haben. In jedem Haus gab es eine Hausmutter, die sich um Bettwäsche und die Sauberkeit kümmerte. Und im Essenssaal gab es die Mahlzeiten. Das ist in den meisten Kibbuzim noch heute so.

Das Leben im Kibbuz war klar geregelt: Bis Mittag hatten wir Schule. Um 12 Uhr gab es Mittagessen und im Anschluss hatten wir Mittagspause. Nachmittags mussten wir im Kibbuz arbeiten, die Kleineren zwei, die Großen drei Stunden. Ich habe in dieser Zeit auf dem Bau gearbeitet. Mit 13 Jahren habe ich Nägel aus Brettern geholt. Später, als ich stärker war, habe ich als Eisenflechter gearbeitet und Gitter geflochten, die dann mit Beton übergossen wurden. Das war schwere Arbeit, aber ich konnte es gut und hatte viel Kraft. Ich erinnere, wie wir die Gehwege im Kibbuz so gebaut haben. Einige existieren heute noch.

Neben der Schule gehört körperliche Arbeit zum Kibbuzalltag – Michael Sternschein arbeitet als Eisenflechter und baut Gehwege / Privatbesitz Michael Maor

Im Anschluss machten wir Hausaufgaben. Es gab kein Fernsehen und wir lebten alle im selben Haus. Das waren schöne Abende. Wir haben viel gespielt und es war immer etwas los bei uns. Niemand hatte lange Weile. Wir waren wie eine kleine Familie aus lauter Kindern.

In meiner Freizeit habe ich viel gelesen. Da der Kibbuz Mizrah von deutschen Juden gegründet worden war, verfügte er über eine umfangreiche Bibliothek mit deutschen Büchern. Ich habe sie alle gelesen und das Lesen war für mich wie ein Stück Heimat. Ich las die Sprache, die meine Eltern und Großeltern sprachen, und konnte mich in meiner Fantasie von diesem trockenen, tristen Kibbuz wegträumen und dachte wieder deutsch.

Der Krieg kehrt zurück

Stolz hörten wir am 15. Mai 1948 David Ben Gurion im Radio, wie er den Staat Israel proklamierte. Hier in Mizrah wurde gejubelt. Kein Kibbuznik hatte Zweifel, dass die arabischen Nachbardörfer die Begeisterung nicht teilen würden. Der Kibbuz kooperierte mit den arabischen Nachbarn, doch mit der Staatsgründung änderte sich das schlagartig. Der Kibbuz hatte einen Wächter, der auf dem Pferd unterwegs war und nach dem Rechten sah. Er war der Erste, der von unseren Nachbarn erschossen wurde. Die am meisten mit den Arabern zusammengearbeitet hatten, waren die Ersten, die von ihnen umgebracht wurden. Da bekamen die Kibbuzniks große Augen und verstanden die Welt nicht mehr. Nun galt es, Schützengräben auszuheben, denn die arabischen Armeen unserer Nachbarn setzten alles daran, diese Staatsgründung rückgängig zu machen. Zu unserem Glück wurde Mizrah nie überfallen. Es gab aber in unserer Nachbarschaft Überfälle und Schießereien, die wir auch gehört haben. Wir blieben offenbar verschont, weil die Gegend, in der unser Kibbuz lag, Emek Israel, in den 20er-Jahren ein Sumpfgebiet war und von Zionisten trockengelegt wurde. Daher gab es dort größtenteils nur jüdische Siedlungen. Außerhalb dieses Tals existierten keine Grenzen, so konnte jeder überall hin gelangen, ob Freund oder Feind. Das waren schwere Zeiten, und es herrschte viel Unsicherheit auf allen Seiten, bei uns und natürlich in den arabischen Dörfern. Denn niemand wusste, welche Folgen die Staatsgründung für den Alltag und das Miteinander von Juden und Arabern hatte.

Wie ein Russe die Syrer verjagt

Moshe Garti berichtet, dass sie von Mizrah aus gesehen haben, wie man sich in der Emek Israel-Ebene beschoss. Während die Kinder, die im Kibbuz geboren wurden, weinten, blieben die Holocaustüberlebenden ruhig, als sie die Schießereien hörten. Sie kannten das und fühlten sich trotzdem sicher.

Während meine Freunde aus dem Kibbuz noch nie eine Schießerei gehört hatten und verängstigt waren, waren es für mich keine ungewohnten Geräusche und kein Grund zur Unruhe. Ich kannte das aus den Wäldern Kroatiens und von der Insel Rab.

Einmal eroberten die Kibbuzniks sogar einen Panzer der Syrer und brachten ihn stolz als Kriegsbeute nach Mizrah. Die Syrer hatten zuvor den Kibbuz Afikim im Emek Yarden in der Nähe vom See Genezareth mit französischen Renault-Panzern angegriffen. Doch die Gegend war so sumpfig, dass die Panzer im Schlamm stecken blieben. Der Panzer konnte nicht mehr richtig fahren, also haben sie ihn auf einen Lastwagen gehievt und nach Mizrah gebracht. Von hier aus sind sie mit ihm zur

Polizeistation am Eingang vom Wadi Ara gefahren, die von den Arabern besetzt war. Dann hat sich ein großer Russe namens Grischa in den kleinen Panzer gesetzt und vom LKW aus die Polizeistation beschossen. Die Einschusslöcher sind heute noch zu sehen. Er hat den Turm getroffen und kurz darauf haben die Kibbuzniks die Station eingenommen. Heute sind dort palästinensische Attentäter inhaftiert, denn die Polizeistation ist ein Hochsicherheitsgefängnis.

Kind zweiter Klasse

Dass wir mit den anderen Kindern im Kibbuz nicht gleichgestellt waren, daran hatten wir uns schon gewöhnt. Aber als man uns verbot, die Schule weiter zu besuchen, wehrten wir uns. Die Erwachsenen sagten zwar immer: „Du bist einer von uns." Aber als ich 17 wurde, war das anders. Da kam die Pflegemutter zu mir und sagte, es tue ihr schrecklich leid, aber ich könne nicht weiter die 11. Klasse besuchen. Wir sollten anfangen zu arbeiten und durften nicht mehr das Gymnasium besuchen. Der Grund war die Bezahlung. Die jüdische Jugendorganisation Sochnut hatte die Bezahlung unserer Ausbildung eingestellt. Da haben wir erst festgestellt, dass die Leute im Kibbuz mit uns Geld verdient hatten. Jetzt kam kein Geld mehr und wir sollten die Schule beenden. Das war ein herber Schlag für uns. Meine Freunde und ich haben uns dann auf den Weg gemacht. Einer von ihnen war in Auschwitz gewesen und hatte eine tätowierte Nummer, ein anderer war ein Pole, der über Russland, Teheran und die Türkei nach Palästina gekommen war. Wir sind nach Jerusalem getrampt und haben die Sochnuta Jehudit aufgesucht. Wir hatten schon viel erlebt, und als die Sekretärin uns den Eintritt zu ihrem Chef verwehren wollte, haben wir uns einfach den Weg gebahnt. Der bekam erst einmal einen Schreck, fragte aber gleich, was los sei. Wir schilderten ihm unsere Situation, dass wir uns gleich zweimal bestraft fühlten: erst den Holocaust überlebt und alles verloren, und jetzt sollten wir die Schule nicht anständig beenden. Er verstand das und setzte einen Brief auf, in dem er bestätigte, dass die Sochnut auch den Rest bezahlen würde. So konnten wir doch noch die Schule abschließen.

Neben Schule und Arbeit habe ich damals viel Sport getrieben. Ich war ein sehr guter Basketballspieler und Leichtathlet. Ich habe mir sogar eine eigene Sprunggrube gebaut.

Leichtathleten – Michael Sternschein (1.v.l.) ist ein großer Sportler / Privatbesitz Michael Maor

אלופי נער ,הפועל" – קבוצת הכדורסל של נער מזרע,

Die Basketballmannschaft des Kibbuz Mizrah wird 1950 Israelmeister, Michael Sternschein 2.v.r. / Zeitungsartikel, Privatbesitz Michael Maor

1951 wurden wir sogar Basketball-Israelmeister aller Gymnasien. Doch dann war Schluss und ich ging zum Militär. Auch dort musste ich erfahren, dass der Kibbuz Mizrah nicht wirklich mein Zuhause war. Bisher dachte ich trotz kleiner Ungerechtigkeiten, ich wäre weiterhin ein Sohn des Kibbuz.

Als ich in den Ferien vom Militär nach Hause kam, musste ich mir ein Zimmer suchen. Da hatten es andere einfacher, die Familie im Kibbuz hatten. Das war aber kein Problem. Dann rief man mich immer wieder zu Arbeitseinsätzen heran. Das habe ich auch gemacht. Doch als ich wie meine Schulkameraden neue Schuhe und eine neue Hose haben wollte, verweigerte man mir dies. Sie begründeten es damit, dass ich Geld beim Militär bekomme und nicht zum Kibbuz gehöre. Trotzdem forderten sie von mir, dass ich von meinem Gehalt einen gewissen Betrag an den Kibbuz zahle. Da war ich sehr verärgert. Wenn ich etwas haben wollte, was andere auch bekamen, wurde es abgelehnt, da ich nicht zum Kibbuz gehörte. Aber wenn es darum ging, Geld an den Kibbuz zu zahlen, dafür war ich gut genug. Zähneknirschend habe ich dann in Haifa eingekauft und bin erst einmal wieder in die Kaserne gezogen.

Nachdem ich meinen Militärdienst fast absolviert hatte, bat mich Ariel Scharon, der damals Chef der Fallschirmspringer war, bei ihm zu bleiben. Er sagte: „Micha, du bleibst bei mir und unterschreibst, oder?" Scharon hat viel später auch dafür gesorgt, dass ich auf die Offiziersschule gehen durfte. Er war ein wirklich guter Freund.

Haltung zeigen, Michael Maor steht 1.v.r. / Privatbesitz Michael Maor

Ich war damals noch so brav und fragte meine Pflegemutter Lea Falk im Kibbuz, ob ich das dürfe. Sie sagte aber, das gehe nicht, ich müsse noch ein Jahr für den Kibbuz arbeiten. Ich sagte ihr, dass ich bei der Armee bleiben möchte, und man habe mir deutlich gemacht, dass ich nicht zum Kibbuz gehöre, wenn ich etwas wollte, was andere Söhne und Töchter des Kibbuz bekamen. Darauf verstieß sie mich. Ich erinnere mich noch, wie sie zum letzten Mal sagte: „Wenn du beim Militär unterschreibst, kannst du nie wieder zurückkehren, und ich werde nicht mehr deine Pflegemutter sein." Daraufhin antwortete ich ihr: „Lea, ich habe ein Konzentrationslager in Jugoslawien überlebt, ich bin da nur mit einem Hemd rausgekommen. Mich erschreckst du nicht." Das tat weh. Ich habe sie nie wieder gesehen. Sie ist 90 Jahre alt geworden, aber auch zur Beerdigung bin ich nicht gegangen. Sie hat mich wirklich verletzt.

Meine Tante Thea

Eines Tages kam eine Frau in den Kibbuz und erkundigte sich nach Michael Sternschein. Sie traf Moshe und fragte nach Michael. Sie sagte ihm, sie kenne Michas Eltern. Es stellte sich heraus, dass es meine Tante war, die über Ägypten nach Tiberias gekommen war und dort lebte. Sie war vor den Nazis nach Ägypten geflohen und hatte in Alexandria im jüdischen Krankenhaus gearbeitet. Sie hatte sogar Kontakt zur königlichen Familie, weil die sich nur im jüdischen Krankenhaus behandeln ließ. Als die Befreiungskriege anfingen, musste sie fliehen und ließ sich in Tiberias nieder, wo sie in der Verwaltung arbeitete. Sie hatte eine Freundin in Mizrah und die erzählte etwas von einem deutschen Jungen namens Michael Sternschein. Dann hatte sie gesagt, der gehöre zu ihrer Familie, und kam.

Als sie in unseren Kibbuz kam, war ich unterwegs und traf sie durch Zufall. Die elegante Frau schaute mich an und sagte: „Ich bin deine Tante." Sie war die Tochter eines Bruders meiner Großmutter und hieß Thea Wolf. Später heiratete sie, zog wieder nach Deutschland, kam dann nach dem Tod ihres Mannes zurück nach Israel, wo ich ihr eine Wohnung besorgte und mein Chef beim Mossad ihr einen Job organisierte. Doch als Rentnerin zog es sie wieder nach Deutschland, weil es ihr hier zu heiß war. Tante Thea ist 95 Jahre alt geworden.

Diese Tante besuchte mich nun regelmäßig und ich hatte endlich wieder eine kleine Familie. Das hat mich aufgemuntert, gerade wenn es für mich im Kibbuz schwer war und man mich ungerecht behandelte. Tante Thea hatte immer ein offenes Ohr für mich und half, wo sie konnte. Das werde ich ihr nie vergessen.

Mein Weg zu den Fallschirmspringern

Mit dem Eintritt in die Armee ändert Michael Sternschein seinen Nachnamen und folgt damit dem Aufruf von Israels Staatsgründer David Ben Gurion, dass die Israelis ihre Namen hebräisieren sollten. Aus Schoenermann wurde Scharon, aus Grün Gurion, aus Winter Chorev und aus Sternschein Maor, was Licht oder auch Lichtstrahl bedeutet. Vor allem Personen in der Regierung, im Militär oder jene, die Israel international vertraten, sollten einen hebräischen Namen tragen.

1951 wurde ich zur Armee eingezogen. Die einzelnen Abteilungen des Militärs waren spartanisch aufgestellt. Ich erinnere mich an die Zelte, in denen man sich anmelden musste. Es gab eines für die Marine und eines für Fallschirmspringer. Ich wollte eigentlich zur Marine. Doch die waren voll und so blieben nur die Fallschirmspringer. Mit einem anderen Freund aus dem Kibbuz haben wir uns dort eingetragen. Es gab noch kein richtiges Regiment. Gerade 70 Soldaten gehörten zu den Fallschirmspringern, mehr gab es nicht. Wir mussten warten, bis 30 Mann zusammenkamen. In dieser Zeit schälten wir Kartoffeln, viele Kartoffeln. Ich hatte mich schon beschwert, dass ich mich bei den Fallschirmspringern gemeldet hätte, um Fallschirm zu springen, nicht zum Kartoffelschälen. Im Oktober mussten wir aber noch schälen, im November durften wir die Schälmesser weglegen. Endlich begann die Ausbildung. Es lief gut und offenbar haben die Generäle an mir Gefallen gefunden. Jedenfalls fragten sie mich, ob ich als Fallschirmsprunginstrukteur arbeiten wolle. Sie sagten: „Micha, du bist kräftig und sprichst viele Sprachen, wir brauchen dich dafür." Das war die Elite. Es gab 1952 nur sechs Instrukteure. Wir drei wurden bei Israelis ausgebildet. Unsere Vorgänger hatten noch bei den Briten gelernt.

Fallschirmspringer Maor wirft mit Eiern

Ich leitete unter anderem einen Versuch, bei dem wir heraus-finden wollten, wie man wichtige Güter und Waffen mit Fall-schirmen aus Flugzeugen wirft, ohne dass sie kaputt gehen. Ich erinnere mich, wie wir das zunächst mit rohen Eiern ver-sucht haben. Dabei wurde ich fotografiert und kam sogar in die Zeitung. Die Schlagzeile lautete:

SERGEANT AUS DEM KIBBUZ MIZRAH HAT EIER AUS EINEM FLUGZEUG ABGEWORFEN – SIE SIND ALLE GUT ANGEKOMMEN.

Wir haben in dieser Zeit alles Mögliche abgeworfen, aber die Geschichte mit den Eiern ist legendär und hat auch später für Erheiterung gesorgt, wenn wir Rekruten das Springen beibrach-ten. Insbesondere prominente Offiziere konnten sich vor einem Absprung nicht mehr drücken, da sie ja mutiger sein wollten als rohe Eier, die den Absprung auch schadlos überstanden.

Michael Maor beim Sprung über Palmachim,
einem Kibbuz an der Mittelmeerküste /
Privatbesitz Michael Maor

66

„Du hast mich wie ein Reh getragen"

1953 beschloss das Verteidigungsministerium, dass alle Stabsoffiziere einen Fallschirmspringerkurs zu absolvieren hätten. Das führte dazu, dass ich auf einmal viele prominente Offiziere in der Ausbildung hatte. Unter ihnen war auch der spätere Premierminister Jitzchak Rabin. Ich habe sogar noch ein Bild mit ihm. Das habe ich mir viel später von ihm signieren lassen, als er Premierminister war. Ich besuchte ihn im Regierungssitz und wir erzählten ein bisschen über die alten Zeiten. Das war wirklich schön. Drei Monate nach dieser Begegnung wurde Rabin erschossen.

Michael Maor bringt
Jizchak Rabin 1955
das Fallschirmspringen
bei / Privatbesitz
Michael Maor

Zu den anderen Prominenten gehörte der spätere Oberrabbiner Schlomo Goren, der im Sechs-Tage-Krieg als erster Rabbiner nach 1948 wieder an der Klagemauer betete. Auf Fotos ist zu sehen, wie er das Schofarhorn bläst und eine Thora in der Hand hält. Den armen Goren habe ich persönlich aus dem Flugzeug geworfen. Er konnte schon keinen Nachtsprung mehr machen, weil er zu alt dafür war. Aber er hatte einen Trick angewandt. Die Sonne war schon untergegangen und er sagte auf Hebräisch: „Wajihi Choschesch" – Jetzt ist es dunkel. Dann ist er gesprungen. Bei der Landung kam er etwas unsanft auf und hat sich den Fuß gebrochen. Er hat später ein besonderes Gebet für die Fallschirmspringer geschrieben und mir ein Gebetbuch geschenkt – ein Tanach. Darin schrieb er als Widmung: „Du hast mich wie ein Reh getragen. Dein Oberrabiner Schlomo Goren." Er war General und ich durfte ihn freundschaftlich Rav Goren nennen.[19]

„Du hast mich wie ein Reh getragen": Israels Oberrabbiner Rav Goren dankt viele Jahre nach seinem Sprung seinem Fallschirmsprunglehrer Michael Maor / Privatbesitz Michael Maor

Bei den Fallschirmspringern gab es ein geflügeltes Wort. Wir sagten: „Es gibt zwei Leute, die man im Leben nie vergessen wird – das ist zum einen die Mutter und zum anderen der Fallschirmspringerinstrukteur. Der bringt dir bei, dass du immer heil runterkommst, und du hörst bei ihm aufs Wort, anders als bei den Eltern."

Kriegseinsatz

Die 1950er-Jahre vor dem Sinai-Krieg waren unruhige Zeiten im jungen Israel. Es gab viele Scharmützel und Vergeltungsaktionen. Immer wieder kommt es zu antiisraelischen Operationen, die von Ägypten und Transjordanien gesteuert werden. An einigen Aktionen gegen die Fatah ist Michael Maor als Offizier beteiligt.

Es gab immer wieder Angriffe auf jüdische Siedlungen oder Dörfer. Arabische Attentäter haben dort Familien getötet. Sie kamen aus Transjordanien, aus Orten nahe der Grenze. Das wollten wir uns nicht länger gefallen lassen und haben arabische Polizeistationen ins Visier genommen. Wir griffen die transjordanischen Stationen in Qalqilya, Chosan und Rauwa an und zerstörten sie. Die Stationen waren uns bekannt, weil sie von der jüdischen Baufirma „Solel Boneh" für die Briten gebaut worden waren.[20] Die Briten waren zwar weg, aber die Pläne hatten wir noch. Wir konnten genau sagen, wie viele Mann in so einer Station sind und wie sie aufgeteilt war. Wir wussten also bei jeder Aktion, was uns erwartet.

Die erste Aktion, an der ich beteiligt war, fand in Qalqilya statt. Ich erinnere mich, wie wir gegen Mitternacht von unserem Standort in Tel Nov mit Lastwagen und Jeeps gestartet sind. Wir waren 100 Mann mit Sprengstoff und vielen Waffen.

An der Grenze hielten wir in einem Kibbuz auf israelischer Seite. Wir ließen die Autos stehen und liefen 4 bis 5 Kilometer zur transjordanischen Polizeistation. Auf einmal schoss man auf uns. Man hatte uns entdeckt. Wir blieben ruhig und gingen in Deckung. Dann wurde es ruhiger und wir machten uns weiter auf den Weg. Die Kanone, mit der wir beschossen worden waren, zerstörten wir. Wir teilten uns auf. Eine Spezialeinheit setzte sich ins jordanische Hinterland ab, um den Nachschub zu stoppen und die Straße zu sprengen. Wir sicherten derweil die Polizeistation. An einer Mauer wurde ein Sprengsatz angebracht und zur Detonation gebracht. Dann stürmten wir die Station und „säuberten" sie. Es wurden keine Gefangenen gemacht, das gab es bei uns nicht. Die andere Einheit wartete den Nachschub ab und sprengte die Straße, als ein Truppentransporter auf ihrer Höhe war. Es brach ein Kampf 15 Kilometer vor Qalqilya aus, den wir nach einigen Stunden gewannen. Danach sind wir wieder zurückgegangen und haben die nächste Aktion vorbereitet.

Dieses Mal sollte die Polizeistation von Chusan zerstört werden. Die befand sich gegenüber von Bethlehem. Das war ein weiter Weg. Voll bewaffnet mussten wir 10 Kilometer zu Fuß zurücklegen. Die Zerstörung der Station ging schnell und es gab keine großen Kampfhandlungen. Wir ließen den Transjordaniern ein Schlupfloch, durch das sie fliehen konnten. Es ist wichtig, dass du ihnen so etwas anbietest, dann können sie fliehen und es gibt keine Kämpfe. Ich war bei diesem Einsatz in dem Kommando, das den Nachschub attackieren sollte. Doch dazu kam es nicht. Nach Qalqilya waren sie vorsichtig geworden. Auf dem Rückweg mussten wir nicht mehr laufen, sondern wurden mit Fahrzeugen abgeholt. Von den Transjordaniern war keine Bedrohung zu erwarten.

Mein schlimmster Einsatz war in Rauwa. Das liegt zwischen Beer Sheva und Hebron. Es war 1955. An der Grenze hinter Beer Sheva wurden wir abgesetzt. Wir gingen wieder zu Fuß los und wurden im Dunkeln von einer Patrouille entdeckt. Sie schoss auf uns mit einer Flicker vom Berg herunter. Das ist ein britisches Maschinengewehr. Wir ignorierten das und liefen weiter. In Rauwa gab es nur eine kleine Polizeistation, in der ursprünglich Kamele untergebracht waren. Damit wollten die Briten den Schmuggel unterbinden und kontrollierten auf den Kamelen die Wüste. Doch jetzt waren keine Kamele, dafür Transjordanier in der Station. Die war nicht aus Beton, sondern aus Steinen gemauert. Das war uns aber nicht bewusst. Unsere Männer brachten an den Außenmauern den Sprengstoff an und dann wurde die Station gesprengt. Ich war nah dran, etwa 40 Meter, und hatte keinen Helm auf, weil wir aufgrund des langen Marsches nur leicht bekleidet waren. Auf einmal löste sich die Station in Luft auf, Steine flogen durch die Gegend, nichts blieb übrig von ihr. Notdürftig schützte ich meinen Kopf vor herabfallenden Gesteinsbrocken. Ich erinnere mich, wie bei dem Einsatz ein Offizier mit einer Kugel am Hals verwundet wurde. Er wurde noch vor Ort operiert und ist durchgekommen.

Die Transjordanier in der Station haben weniger Glück. Sie kommen bei dem Anschlag alle ums Leben. Für sie gibt es keinen Ausweg und sie werden mit der Station lebendig in die Luft gesprengt. Auf meine Frage, ob Michael Maor auch an diese Männer und ihre Familien gedacht habe, als sie die Station bewusst in die Luft jagten, antwortet er nur kurz: „Es war Krieg und wir haben nicht nach ihren Namen gefragt."

Sinai-Krieg

Im Sinaikrieg 1956/57 führt Michael Maor unter Ariel Scharon einen Konvoi mit 30 Truppentransportern. Darin sitzen viele

Soldaten, die in der britischen Armee gegen Rommel in Nordafrika gekämpft haben. Ziel des Krieges ist es, den Suezkanal wieder für die Schifffahrt zugänglich zu machen, der nach der Verstaatlichung durch Ägypten von dort kontrolliert wird, was schließlich zur Suezkrise führt.

Wir sind damals bis zur Mitte des Sinai vorgedrungen, als auf einmal ein Flugzeug auf uns zusteuerte. Ich höre noch heute, wie das Maschinengewehr „tock tock tock" machte. Um mich herum schlugen die Kugeln ein, dass der Sand nur so spritzte. Ich habe meinen Stahlhelm genommen und mich in Sekundenschnelle eingegraben, so schnell habe ich das noch nie gemacht, und ich hatte Glück. Ich wurde nicht getroffen. Später besetzten wir wieder eine Polizeistation, die wir aber nicht zerstörten. Die Ägypter hatten dort Sudanesen stationiert, die wir als Gefangene nahmen. Die armen Kerle mussten dort ihren Dienst schieben. Es war das erste Mal, dass ich diese langen tiefschwarzen Kerls gesehen habe. Im Sinaifeldzug wollten wir nur ein Zeichen setzen und den Ägyptern zeigen, wo der Teufel wohnt. In diesem Krieg gab es wenige Tote. Die einzigen Verluste hatten wir am Mitlapass. Aber auch die hätten bei einer besseren Entscheidung vermieden werden können. Es gibt ein hebräisches Sprichwort, das sagt: „Man kann nicht nach dem Krieg gescheit sein, man muss vor dem Krieg gescheit sein."

Reise nach Brasilien

Nachdem ich wusste, dass einige Mitglieder meiner Familie doch überlebt hatten, habe ich einen Onkel von mir ausfindig gemacht. Es war der Bruder meiner Mutter, Kurt Schubach. Er hatte sich nach Südamerika absetzen können und war dort ein erfolgreicher Geschäftsmann. Während meiner Ausbildung zum Fotografen in Deutschland traf ich ihn später auf der Kölner Messe. 1957 lud er mich dann zu sich nach Brasilien ein und schenkte mir die Schiffspassage. Ich bekam damals von Rafael Eitan,[21] dessen Adjutant ich war, ein halbes Jahr Urlaub. Mein Onkel nahm mich in Rio de Janeiro herzlich auf. Ich lernte meine Cousinen kennen und lebte in Saus und Braus.

Michael Maor besucht seinen Onkel in Brasilien / Privatbesitz Michael Maor

Mein Onkel zählte zur Oberschicht Brasiliens. Er war kein Zionist und fragte mich, warum ich unbedingt in Israel bleiben wolle. Er riet mir, nach Brasilien zu kommen. Dort kann man sehr gut leben und er kannte viele einflussreiche Leute, die mir beim Karriereeinstieg helfen konnten. Mein großes Plus waren die vielen Sprachen, die ich konnte. Außerdem machte ich auf die jungen heiratswilligen jüdischen Mädchen aus besserem Hause einen guten Eindruck. Mit einigen war ich auch unterwegs.

Eine zeigte mir ein elfstöckiges Gebäude und sagte, das habe sie zum Geburtstag bekommen. Das waren unfassbare Dimensionen für einen kleinen Israeli wie mich. Ich wollte keines dieser verwöhnten Mädchen, denn ich hatte kein Geld. Das Ganze erschien mir eine Nummer zu groß und ich wollte mein eigener Herr bleiben, nicht von den wohlhabenden Schwiegereltern abhängig sein, die mir womöglich diktierten, was ich zu tun und zu lassen habe. In Rio lernte ich Freunde meines Onkels kennen, die mich auf ihre Plantage mitnahmen. Es waren Saarländer, die Lavoisier hießen. Sie hatten eine Hazienda mit Gummibäumen. Mein Onkel riet mir, nicht zu sagen, dass ich Israeli sei. Ich sollte vielmehr sagen, dass ich aus dem Rheinland stamme. Wir reisten in einen Unimog bis zum Rio Verde.

Unterwegs im Dschungel – auf dem Weg zur Kautschukplantage / Privatbesitz Michael Maor

Die Leute haben dort das Gummi aus den Bäumen gezapft. Es waren alles Gefangene, die hier ihre Strafe abarbeiteten, statt im Gefängnis zu sitzen. Eine Flucht war nicht möglich, da sie 700 Kilometer durch den Dschungel hätten fliehen müssen. Wir schliefen dort auf Hängematten und aßen getrocknetes Fleisch. Auf dieser Tour war auch eine Anthropologin, die offenbar aus einer richtigen Nazifamilie stammte. Wir haben uns intensiv unterhalten und sie war der Meinung, dass die Geschichte vom Holocaust und der Vernichtung der Juden nur Propaganda sei. Was sie nicht wusste, war, dass neben ihr einer saß, der all das überlebt hatte. Ich bin ruhig geblieben und konnte es kaum glauben, dass ein Jude und die Tochter eines großen Nazis im Dschungel von Brasilien nebeneinander saßen und sich so etwas erzählten. Später hörte ich, sie sei beim Baden gestorben. Sie wurde von Piranhas angegriffen und hat nicht überlebt.

Die Zeit in Brasilien war für mich 24-Jährigen Israeli ein großes Abenteuer. Ich erlebte die großen Gegensätze zwischen Superreichen und ganz armen Menschen, zwischen mächtigen jüdischen Gemeinden in Rio und Sao Paulo und auf der anderen Seite ranghohe Nazis, die sich über die Rattenlinie nach Südamerika abgesetzt hatten und dort in Freiheit ohne Skrupel und schlechtes Gewissen unbehelligt leben konnten. Diese Welt war für mich, der die Verfolgung in Europa überlebt und viele Angehörige verloren hatte, eine skurrile Welt, in der ich nicht leben wollte.

Ich kehrte nach einem halben Jahr zurück nach Israel und arbeitete weiter für die Armee, bis ich 1959 entschied, das Militär zu verlassen, um einen richtigen Beruf zu erlernen. Dazu stiftete mich meine Tante Thea an, die mittlerweile wieder in Deutschland lebte. Obwohl mir eine Beförderung zum 2. Brigade-Adjutanten in Aussicht gestellt wurde, entschied ich mich für das Verlassen des Militärs. Ich wusste ja, dass ich jederzeit zurückkehren konnte. Doch ich wollte etwas Neues erleben und die Heimat meiner Eltern und Großeltern kennenlernen, ohne dass ich als Jude verfolgt wurde. Außerdem hatte ich einen Anspruch auf Entschädigung, der zwar nicht üppig war, aber ich wollte, dass Deutschland etwas dafür bezahlte, was es mir angetan hatte. Also reiste ich mit dem Schiff über das Mittelmeer zurück in die verlorene Heimat.

Rückkehr ins Land
der Väter und Täter

Meine Tante Thea zog es von Tiberias wieder nach Deutschland. Ihr Mann hatte dort eine große Anwaltskanzlei eröffnet und Thea meinte, ich solle kommen und etwas Gescheites lernen. Ihr Mann half mir bei meinen Restitutionsansprüchen. Da habe ich 5000 DM bekommen, die ich für die Ausbildung verwendete, und später noch einmal 5000 DM für meine Kameraausrüstung, die ich zur Ausübung meines Berufes brauchte.

Ich begann in Köln an der Bikla-Schule eine Ausbildung zum Fotografen. Nebenher verdiente ich dazu. Durch Zufall kam ich in meiner Freizeit auf eine Feier der Israelmission. Das war die Gesellschaft, die die deutschen Wiedergutmachungsgelder verwaltete und in Deutschland Waren für Israel einkaufte. Sie kaufte Elektrizitätswerke, Schiffe, Schienen, Züge und Güterwaggons. Auf dieser Feier fragte mich jemand, ob ich für die Mission arbeiten wolle, und ich willigte ein. Ich bekam einen Job als Sicherheitsmann für 20 DM die Stunde. Später hörten sie, dass ich fotografieren kann. Und sie sagten: „Da ist jemand, der sich mit dir unterhalten möchte." Ich war gespannt, was mich erwartete. Dann stellte man mir den Chef des Mossad-Geheimdienstes in Deutschland vor. Er war ein netter Mann und fragte, ob ich auch im Fotolabor arbeiten könne, und prüfte, was ich drauf hatte. Er mochte mich und gab mir einen besonderen Job. In den Räumen der Israelmission sollte ich ein Fotolabor führen, das nur geheim arbeiten durfte. Ich bekam sämtliche teuren Geräte geliefert und wurde mit 1000 DM bezahlt. Das war viel Geld für einen jungen Mann wie mich.

Im Haus der Israelmission gab es auch einen neugierigen deutschen Hausmeister, der im Krieg Feldwebel bei der Wehrmacht gewesen war. Der war immer neugierig und wollte wissen was hinter der mehrfach gesicherten Tür steckte. Das war das Fotolabor, das geheim bleiben musste. Er war für die Reinigung der Räume zuständig und wollte auch in mein Labor. Ich verweigerte ihm den Zutritt. Doch er fing an zu stänkern und wollte unbedingt wissen, was sich darin befand. Ich habe ihm mehrfach gesagt, dass ich dort sauber mache und es nicht sein Job sei. Doch er hörte nicht auf. Er hatte einen schönen Schäferhund. Schließlich wurde ich unsachlich und sagte mit ernster Stimme: „Herr Tabackhausen, wenn Sie so weitermachen, werde ich aus Ihrem Schäferhund einen Teppichvorleger machen." Das hatte gewirkt. Er ließ ab und ging beleidigt davon.

Meine Begegnung
mit dem Mossadchef

In Köln habe ich fleißig gelernt und viele kleine Aufträge für den Mossad erledigt. Dazu gehörten Botengänge, bei denen ich Geld an Leute überbracht habe. So sollte ich 1960 den Chef des Mossads in einem Kaffeehaus in München treffen.

Yehuda Arbel [22] leitete den Mossad in Deutschland. Er rief mich an und erteilte mir den Auftrag, dass ich Isser Harel treffen und ihm ein Geldcouvert überreichen sollte. Er fragte mich, ob ich wisse, wie er aussehe. Und ich sagte: „Woher soll ich das wissen, der versteckt sich doch immer." Dann bekam ich von Yehuda Arbel eine einprägsame Personenbeschreibung, die Harel nicht sonderlich schmeichelte. Er sagte: „Wenn du einen kleinen hässlichen Mann mit großen Ohren entdeckst, dann ist das der Richtige." Gesagt, getan.

Ich stieg in den Expresszug nach München und kam zum vereinbarten Treffpunkt. Da saß wirklich ein kleiner hässlicher Mann mit einer Zeitung. Er schaute mich etwas verlegen an und ich sagte auf Deutsch zu ihm: „Entschuldigen Sie, kann ich mich hier hinsetzen?" Ich fügte hinzu: „Ze Beseder", das heißt auf Hebräisch: „Ist das in Ordnung?" Darauf antwortete er: „Gut, setz dich", und fragte neugierig, wie ich ihn erkannt hätte. Daraufhin antwortete ich ihm, dass Yehuda Arbel ihn genau beschrieben habe, sodass ich ihn zweifelsfrei erkennen konnte. Wir tranken einen Kaffee, er nahm das Couvert und ging. Wir unterhielten uns nicht und ich bezahlte die Rechnung. So war das damals.

Als ich die Geschichte später als alter Mann anderen Mossadkollegen in Herzlya erzählte, lagen sie vor Lachen unter dem Tisch.

Fotokurs für Agenten

Nachdem ich fertig war mit meiner Ausbildung zum Fotografen, habe ich für den Mossad auch Agenten in der Schweiz und in Deutschland trainiert. Das waren vor allem Araber, die irgendwie für uns tätig waren. Nicht alle waren sauber und einige arbeiteten als Doppelagenten. Wenn wir es rausgefunden haben, bekamen sie eine gerechte Strafe. Mehr möchte ich dazu nicht sagen.

Am schlimmsten waren die Araber, die ich in Deutschland trainiert habe. Für mich als jemand, der Arabisch konnte, war es schwierig, so zu tun, als würde ich sie nicht verstehen, wenn sie untereinander Witze machten oder über uns fluchten. Da musste ich ganz schön diszipliniert sein. Ich habe diesen Himmelhunden das Fotografieren beigebracht.

Einmal sind zwei dieser Doppelagenten einfach abgehauen und ich suchte sie. Ich ging zu ihrer Adresse in Frankfurt, wo sie ein Zimmer gemietet hatten. Ich will mich umschauen, da kommt die Vermieterin auf mich zu und fragt, was ich dort zu suchen habe. Ich antwortete ihr freundlich, dass ich die beiden Personen suche, die dort wohnen. Daraufhin erwiderte sie: „Ach die. Die sind weg und schulden mir 200 DM."

Sie sagte mir auch, dass sie die beiden bei der Polizei anzeigen werde. Das musste ich natürlich verhindern, denn wenn diese Araber festgenommen wurden und anfingen zu plaudern, dann wären unsere Operationen in Deutschland womöglich gefährdet gewesen. Ich musste schnell und professionell reagieren und durfte nicht verunsichert wirken. Daraufhin habe ich gesagt: „Gnädige Frau, genau deshalb bin ich hier. Ich bin die Polizei und werde ihnen die 200 DM sofort erstatten." Ich habe geblufft und das Geld gleich bezahlt. Ich sicherte ihr zu, dass ich die Sache erledigen würde und sie sich darum nicht kümmern müsse. Dann bin ich gegangen.

Die Leute habe ich nicht gefunden. Ich habe den Vorfall gemeldet und bezahlt. In solchen Situationen musst du Nerven haben. Wenn du keine hast, geht so etwas nicht. Hier ging alles gut, es gab keine Ermittlungen der Polizei.

Die Operation Eichmann

Der größte Auftrag, den ich in dieser Zeit für den Mossad erledigen sollte, war die Operation Eichmann. Zunächst wusste ich nicht, wer das ist. Ich sollte im Frühjahr 1960 wieder nur einen vermeintlich kleinen Auftrag erfüllen, irgendwo einsteigen und fotografieren. Wenn du für den Mossad arbeitest, hinterfragst du Befehle nicht, sondern setzt alles daran, sie auszuführen.

Von meinem Vorgesetzten bekam ich eine minutiös ausgearbeitete Planung, wie ich in der Frankfurter Staatsanwaltschaft einzubrechen hatte, wann und was ich fotografieren sollte. Ich hatte sogar einen Schlüssel für das Büro, in das ich eindringen sollte. Das klang alles sehr einfach, aber in der Realität sieht die Sache dann doch anders aus. Ich bin wieder 1. Klasse mit dem Zug nach Frankfurt gefahren und habe mir ein Taxi bestellt, das mich in die Nähe der Oberstaatsanwaltschaft fuhr. Dort stieg ich aus und ging ins Gebäude, als würde ich dort arbeiten. Ich wusste, wo das Zimmer lag, in das ich einbrechen sollte. Ich fand die Etage, aber es war so dunkel, dass ich zunächst Schwierigkeiten hatte, die richtige Tür zu entdecken. Nachdem ich sie fand, ging alles ganz schnell. Ich öffnete das Büro, ohne bemerkt zu werden. Insofern war es hilfreich, dass der Flur nicht beleuchtet war. Bis hierher klappte alles wie ein Schweizer Uhrwerk.

Ich war im Büro von Fritz Bauer, dem Generalstaatsanwalt in Frankfurt, der die Israelis bei der Jagd auf Adolf Eichmann unterstützte und sich damit von anderen Juristen im Nachkriegsdeutschland unterschied, die oft alte Nazischergen deckten und alles daran setzten, deren Strafverfolgung zu unterbinden. Bauer war allein, umzingelt von Altnazis und kooperierte deshalb mit den Israelis. Insofern musste ich zwar einbrechen, aber Bauer schien in die Pläne involviert zu sein und hatte alle Akten zu Adolf Eichmann auf seinem Schreibtisch liegen. Er muss ein starker Zigarrenraucher gewesen sein, denn alles roch nach Zigarre. Ich baute Kamera und Stativ auf, fotografierte wie in einem James Bond-Film sämtliche Dokumente und sah immer wieder den Namen Adolf Eichmann, Fotos von ihm und viele Dokumente, die der „Führer" Adolf Hitler, unterzeichnet hatte. Das ist was, dachte ich. Der, der deine Familie ermorden ließ, hat hier unterschrieben. Ich kam gut voran, bis ich im Flur auf einmal Schritte hörte. Ich baute alles notdürftig ab, löschte das Licht und versteckte mich hinter den dicken Vorhängen. Ich entdeckte unter der Tür einen Lichtstrahl. Jemand blieb vor der Tür stehen, kam aber nicht rein. Mein Herz schlug immer höher und ich wusste nicht, was jetzt kommt. Es war nur die Putzfrau, die ihre Arbeit offenbar nicht sehr ernst nahm. Jedenfalls war ich heilfroh, dass sie nicht ins Büro kam. Als sie weg war, setzte ich meine Arbeit fort, packte alles fein säuberlich zusammen und verließ Büro und Generalstaatsanwaltschaft.

Den Vorfall mit der Putzfrau meldete ich und schrieb in meinen Bericht, dass sie eine faule Person sei, die nicht gründlich arbeite, genau wie die Verantwortlichen im Mossad, die dieses Detail bei der Planung meines Einbruchs übersehen hatten. Später fragte man mich, was ich gemacht hätte, wenn sie reingekommen wäre. Darauf antwortete ich: „Jede Aktion hat ihre Zeit." Klar war, dass die Dokumente für die Ergreifung Eichmanns wichtiger waren als die Unversehrtheit einer Putzfrau.

Als ich in meinem Labor in Köln die Filme entwickelte, sah ich, was Eichmann angerichtet hatte, und war erschüttert. Ich entwickelte alles und sandte es per Diplomatenpost nach Jerusalem. Dort wurden die Akten ausgewertet und haben wohl dazu beigetragen, dass man Eichmann in Argentinien aufspüren konnte, um ihn nach Israel zu entführen. Man kidnappte ihn und steckte ihn in einen blauen Flugzeugmonteursanzug. Die Größe entnahm man übrigens den Akten, die ich in Frankfurt fotografiert hatte. Das hat mir später jemand erzählt, als wir Veteranen der Operation Eichmann in Israel geehrt wurden.

1961 wird Adolf Eichmann wegen der Mitverantwortung für den Mord an Millionen Juden in Israel zum Tod durch den Strang verurteilt. 1962 wird das Urteil vollzogen.

Die Operation Eichmann ist für mich beendet. Für mich war das auch eine private Sache, weil meine ganze Familie von Eichmann in die Konzentrationslager geschickt worden ist. Das war keine Rache, aber ich habe meine Arbeit getan.[23]

Für Maor ist das Todesurteil eine späte Genugtuung und es erfüllt ihn, dass er Teil der Operation Adolf Eichmann sein durfte. 1968 trifft er Generalstaatsanwalt Fritz Bauer persönlich.

Ohne Worte

Einmal habe ich Fritz Bauer getroffen. Das war in Rafi Eitans Wohnung. Eitan leitete die Mossadoperation, die Adolf Eichmann aufspüren sollte. Bei Rafi fand eine Cocktailparty statt. Es kamen viele bekannte Gesichter. Da waren Leute aus dem Sicherheitsstab, vom Mossad und vom Militär. Mein Chef Yehuda Arbel lud mich dazu ein und sagte mir: „Ich muss dich einem speziellen Gast vorstellen." Ich folgte ihm zu einem Mann und er stellte ihn als Fritz Bauer vor. Er sagte ihm: „Herr Bauer, das ist der Mann, der in Ihr Büro eingestiegen ist." Wir haben uns die Hand gedrückt. Er war ein sehr kleiner Mann. Er guckte mich durch seine dicken Brillengläser ernst an und sagte kein Wort. Ich habe auch nichts gesagt. Was sollte er auch sagen? „Sie haben eine saubere Arbeit in meinem Büro gemacht"?

Das war meine Begegnung mit Fritz Bauer – völlig unspektakulär. Aber ich wusste nun, wer die vielen Zigarren geraucht hatte, deren Duft ich im Frankfurter Büro einatmen durfte.

Mengele

Nach meinem Auftrag in Frankfurt sollte ich eine kleine Recherche in Ulm für den Mossad tätigen. Ich sollte mir das ehemalige Haus von Josef Mengele anschauen.

Der KZ-Arzt, der für die berüchtigten Experimente vor allem an Zwillingen verantwortlich war, konnte sich nach Südamerika absetzen und wurde nie für seine Taten zur Verantwortung gezogen.
Der Mossad bemüht sich, eine Spur zu ihm zu finden, und hofft auf einen ähnlichen Erfolg wie bei der Operation Eichmann.

Der Mossad suchte ihn und vermutete eventuell eine Spur zu ihm in seiner alten Heimatstadt zu finden. Ich bin hingefahren und habe mich als Versicherungsvertreter ausgegeben. Dort traf ich eine ältere Dame mit einem Schäferhund, wie das so war bei den Deutschen. Sie stand draußen und ich merkte, dass sie nicht viel über den Vorbesitzer des Hauses wusste. Das war kein Erfolg, aber der Mossad nutzte jede Möglichkeit, dem Mörder auf die Spur zu kommen. Doch Mengele blieb bis zu seinem Tod unentdeckt.

Bis heute ist nicht genau geklärt, warum man ihn nicht gefunden hat. Mengele und andere Nazis hatten noch viele Verbündete in Nachkriegsdeutschland. Außerdem gab es zwischen Adenauer und Ben Gurion Vereinbarungen, die einige Nazis schützten, aber Israel im Gegenzug viele Reparationszahlungen und Aufbauhilfe aus Deutschland zusicherten. Ben Gurion ist das wichtiger gewesen, als alte Naziverbrecher zu stellen. Noch sind immer wichtige Akten, die Licht ins Dunkel bringen könnten, nicht zugänglich.

Rückkehr nach Israel

Nach meiner Ausbildung und den verschiedenen Aufträgen für den Mossad entschied ich mich Ende 1962, nach Israel zurückzukehren. Ich wollte mich dort als Fotograf selbstständig machen und baute mit einem Freund ein gemeinsames Fotolabor auf. Dafür brachte ich allerhand gute Technik aus Deutschland mit und ließ mich in Jerusalem nieder. Unsere Ausrüstung konnte sich sehen lassen. Wir hatten große Kameras, einen Vergrößerungsapparat und natürlich viel Fotopapier, das war damals Gold wert. Während mein Partner sich auf Hochzeiten spezialisiert hatte, wollte ich als Pressefotograf für Zeitungen arbeiten. Durch meine Zeit beim Militär hatte ich viele gute Verbindungen und etliche Offiziere sind in die Politik gegangen, sodass ich hoffte, bei vielen Anlässen eher einen guten Platz zum Fotografieren zu bekommen als andere. Außerdem war Israel ein kleines Land, da kannte ohnehin jeder jeden.

Doch die Konkurrenz war groß und die bereits arbeitenden Fotografen wollten mich nicht haben. Sie setzten alles daran, dass ich keine Zulassung bekommen würde. Durch meine Kontakte zur Deutschen Presseagentur habe ich es dann geschafft und die DPA sorgte dafür, dass ich eine Lizenz bekam.

Später habe ich sogar für damals schon namhafte Fotografen wie David Rubinger fotografiert und wir haben uns miteinander arrangiert.

Als Pressefotograf im Amtssitz von Israels Staatspräsident Salman Shazar,
Maor in der Mitte im Hintergrund / Privatbesitz Michael Maor

Papstbesuch

Zu meinen großen Einsätzen gehörte der Papstbesuch im Januar 1964 in Jerusalem. Pius der VI., in meinen Augen ein großer Antisemit, mied Israel und reiste zu den heiligen Plätzen über Amman ein. Nachdem er die Taufstelle Jesu besucht hatte, zog er hinauf nach Jerusalem, immer umringt von zahlreichen Pressefotografen. Ich wartete in Jerusalem auf ihn. Damals vor dem Sechs-Tage-Krieg gehörte die Klagemauer noch zu Jordanien.

Besonders bildstark war die Einfahrt des Papstes durch das Mandelbaumtor. Ich hatte gute Verbindungen zum Militär und durfte eine große Kamera auf dem Dach des Französischen Klosters aufstellen. Dadurch war ich der Einzige, der dieses

Foto hatte. Die anderen Fotografen irrten um den Papst umher, aber ich hatte dieses fantastische Bild von Notre Dame aus geschossen, wie der Papst im offenen Auto durch das Mandelbaumtor einfährt. Damit habe ich viel Fotopapier verdient. Ich bin schnell in mein Labor gerannt, habe die Bilder sofort entwickelt und die Abzüge den Presseleuten, die in Jerusalem waren, verkauft. Natürlich hatte ich auch der DPA Abzüge gegeben. Die hatte übrigens eigene Fotografen auf die Reise durch Transjordanien mitgeschickt. Sie haben bei mir entwickelt und gefragt, wie sie mich bezahlen sollten. Ich sagte ihnen, sie sollten mir Agfa-Fotopapier geben. So konnte ich wiederum Bilder von ihnen aus Transjordanien an die israelischen Zeitungen verkaufen. Das hat man damals so gemacht.

Die Arbeit für uns Pressefotografen war beschwerlich. Es gab keine Funktelefone und man konnte sich nicht abstimmen. Die Situation im jordanischen Jerusalem war unüberschaubar, so hatten die Glück, die die Gegebenheiten vor Ort am besten kannten. – So wie ich.

Pressefotograf Michael Maor im Einsatz /
Privatbesitz Michael Maor

86

Die Papstreise führte dann noch weiter. Pius VI. fuhr von Jenin aus nach Meggido. Dort traf er den israelischen Präsidenten Salman Shazar. Ich weiß es heute noch, als wäre es gestern gewesen: Ich stehe nah an der Tribüne und sehe, wie Shazar sie betritt. Er trifft den Papst und überreicht ihm ein Kuvert.

Ich hatte alles fotografiert und dann fragten mich die anderen Fotografen, ob ich wisse, was in dem Brief sei. Daraufhin sagte ich schlagfertig: „Ihr wisst nicht, was das ist? Es ist doch klar, das ist die Rechnung vom letzten Abendmahl." Der Witz machte die Runde und wir lachten herzlich.

Begegnungen der besonderen Art

Als Pressefotograf war ich vielen Politikern sehr nahe und man kannte sich. Ich erinnere mich noch gut an David Ben Gurion. Er war ein Kauz, aber auch ein guter Schauspieler. Kollegen sagten immer, er sei schwierig. Das kann ich nicht bestätigen. Ich habe oft Aufnahmen von ihm in seinem Büro gemacht. Er war ein fantastischer Mann und sehr bescheiden.

Einmal besuchte ich ihn in seinem Büro in Jerusalem. Ich war mit dem Fotografen der Regierung der einzige Fotograf. Als wir fertig waren, fragte Ben Gurion: „Und jetzt?" Da sagte ich ihm: „Am besten noch einen Handschlag, dann ist gut." Das hat er ohne Probleme gemacht.

Auch zu Golda Meir hatte ich eine gute Beziehung. Ich war einer der wenigen Fotografen, die bei großen Anlässen hinter ihr stehen durften. Einmal war ich bei einer Party von ihr im Außenministerium. Nur zwei Fotografen wurden zugelassen. Das war dort, wo heute Benjamin Netanyahu wohnt. Und da waren Leute, unglaublich, die haben Sachen erzählt, die in keiner Zeitung standen. Ich erinnere mich, wie Golda Meir Isser

Harel einen Kuss auf den Kopf gab. Das war ein kleiner Mann mit Glatze und sie haben sich gehasst. Wahrscheinlich ist er in Pension gegangen und sie hat ihm einen Abschiedskuss gegeben.

Überhaupt war sie manchmal ganz schön keck. Dabei muss ich an eine Begegnung von ihr mit dem zweiten israelischen Präsidenten, Ben Zvi, denken. Sie waren Freunde und kannten sich aus der Pionierzeit des Landes, als Israel aufgebaut wurde. Einmal wartete ich vor seinem Büro auf den Staatspräsidenten, der kurz auf Toilette verschwunden war. Als er wiederkam, sah Golda Meir ihn an und sagte: „Zvi, mach deine Hose zu, die ist noch offen." So knallhart konnte Golda sein. Aber sie waren ja Freunde und fanden das eher amüsant.

Ich hatte auch die Aufgabe, für die Regierung Antrittsbesuche zu fotografieren. Als Levi Eshkol Ministerpräsident wurde, sollte ich das Treffen mit einem afrikanischen Außenminister fotografieren. Wie immer kam ich etwas früher in sein Büro und er fragte mich, wer jetzt komme. Ich sagte ihm: „Es ist ein afrikanischer Außenmister." Worauf er fragte: „Kann der Jiddisch?"

Nachdem Israels Staatspräsident Ben Zvi gestorben war, hatte die Partei entschieden, dass Salman Shazar sein Nachfolger werden sollte. Das Außenministerium beauftragte mich, Portraitfotos von Shazar zu machen, und ich besorgte mir einen Termin bei ihm. Er war damals der Chef der Sochnut Jehudit, das war die Organisation, die das Geld organisierte, um Juden nach Israel zu bringen.

Ich kam in sein Büro, da fragte er mich, warum ich Portraitbilder von ihm machen solle. Da habe ich ihm gesagt, ich hätte gehört, er solle Präsident Israels werden. Darauf antwortete er mir: „Was du alles weißt." Das Bild, das ich dann von ihm gemacht habe, wurde nach seinem Amtsantritt überall für die Öffentlichkeitsarbeit verwendet.

Oscar Niemeyer in Israel

Der weltberühmte Architekt Oscar Niemeyer kommt 1964 nach Israel. Aufgrund eines Militärputsches in seiner Heimat Brasilien muss er gezwungenermaßen seinen Aufenthalt verlängern. Er bleibt ein halbes Jahr und entwirft verschiedene Projekte. Neben einer Stadt für den Negev hat er Pläne für ein Stadtquartier in Tel Aviv entworfen. Er setzt bei allen Plänen auf Hochhäuser und ist damit seiner Zeit weit voraus. Nur mit Hochhäusern, so Niemeyer, könne man dem Problem des Platzmangels in Israel entgegenwirken.[24] Was in den 1960er-Jahren von vielen Kritikern verworfen wird, ist heute Realität und Hochhäuser schießen vielerorts aus dem Boden, um das Wohnungsproblem zu lösen. Für das Tel Aviv-Projekt wird Michael Maor gebeten, eine Nacht durchzuarbeiten.

Meine Einsätze bestanden nicht nur als Pressefotograf. Das Fotolabor, das ich besaß, war eines der wenigen in Israel, die besonders große Abzüge herstellen konnten und vor allem schnell. Das führte dazu, dass mich eines Tages ein Freund bat, einen besonders wichtigen Auftrag auszuführen. Er war Innenarchitekt und bereitete eine Ausstellung für die Regierung und Geschäftsleute vor. Hintergrund war Oscar Niemeyers Besuch in Israel und dessen Idee, in Tel Aviv ein besonders modernes Wohnviertel zu bauen. Dort sollten aufgrund des begrenzten Landes sehr viele Menschen leben können. Geplant war eine Art Ringbebauung. In der Mitte sollten drei große Hochhäuser mit 40 Etagen entstehen. Niemeyer wohnte damals im Dan Hotel und brauchte die Bilder innerhalb von 24 Stunden. Ich habe mich drangesetzt und eine ganze Nacht diese Bilder entwickelt. Es waren fantastische Entwürfe und ich war stolz, für den großen Architekten Oscar Niemeyer zu arbeiten. Aber leider ist aus dem Projekt nichts geworden. Das von Niemeyer geplante

Wohnprojekt Kikar Hamedina blieb nur auf meinen Abzügen. Niemeyer habe ich leider nie gesehen, doch ich habe für ihn geschwitzt und eine ganze Nacht gearbeitet.

Die „scheenen Beene"
von Marlene

Im Februar 1966 tritt Marlene Dietrich in Jerusalem auf. Sie ist mit dem Bürgermeister der Stadt, Teddy Kollek, befreundet, und der lädt vor einem Auftritt einige Leute zu sich nach Hause ein, wo sich die Diva auf ihren Auftritt vorbereitet. Es herrscht eine ausgelassene Atmosphäre, die durch ein Foto von Michael Maor festgehalten wird. Das erscheint kurz darauf auf der Titelseite der israelischen Zeitung „Haaretz" und bringt Kollek in Schwierigkeiten.

Es war wenige Wochen nach dem Papstbesuch. Da rief mich Teddy Kollek an und bat mich, bei ihm zu Hause zu fotografieren. Ich durfte die Bilder auch an die Zeitung verkaufen. Er wollte sich wahrscheinlich mit Marlene Dietrich schön präsentieren, was ihm in gewisser Weise auch gelang.

Marlene Dietrich trifft Israels Staatspräsidenten Salman Shazar und dessen Ehefrau Rachel Katznelson Shazar 1966 / Privatbesitz Michael Maor

90

Ich fuhr zu ihm nach Hause und habe die Marlene Dietrich fotografiert. Zuvor hatte sie den Staatspräsidenten getroffen, ich hatte das fotografiert. Jetzt war sie bei Teddy und ich habe wieder abgedrückt. Entstanden ist dabei ein besonders originelles Bild. Marlene saß auf einem Sessel, daneben Teddy Kollek auf der Erde direkt neben ihren schönen Beinen. Damals war die Dietrich schon 65, aber die Beine waren noch immer flott, und so entstand ein unvergessliches Bild. Ich habe es schnell entwickelt und umgehend in die Redaktion gebracht. Es wurde das Aufmacherbild der Haaretz-Wochenendausgabe und schlug ein wie eine Bombe. Teddy Kollek rief mich sofort an, denn er war jetzt in Erklärungsnot. Er beschwerte sich und fragte: „Was hast du da angestellt? Die Koalition bricht, die Frommen schreien. Vernichte alle Bilder sofort!" Das habe ich natürlich nicht getan. Er hat es mir sehr übel genommen, aber später haben wir uns wieder vertragen.

Nachdem das Foto auf dem Titel der Haaretz-Wochenendausgabe erschienen war, wurde Kollek von der Opposition heftig kritisiert: „Da haben wir einen Bürgermeister, einen Mann, der das Ansehen Jerusalems und all seiner Bürger, einschließlich seiner religiösen, repräsentieren und die Moral im Allgemeinen hochhalten sollte. Man sehe ihn sich an, wie er hier zu Füßen einer Schauspielerin sitzt, die berüchtigt für ihre Beine ist!" – „Der Löwe von Jerusalem" kontert in seinen Memoiren: „Sehen Sie sich das Bild doch einmal an, und beachten Sie vor allem den Ausdruck auf meinem Gesicht. Da sitze ich neben den berühmtesten Beinen der Welt – mache ich deshalb einen glücklichen Eindruck? Genieße ich dieses Vorrecht? Ich sehe nicht einmal hin! Und warum nicht? Warum dieser Ernst auf meinem Gesicht? Weil ich einfach an nichts anderes denke als an unseren Jahreshaushalt! Ich wünschte, Sie täten das Gleiche, statt weitere Zeit damit zu verschwenden, sich diese Beine anzusehen!" Damit, so Kollek in seiner Autobiografie, war das Thema erledigt.[25]

Das Skandalfoto mit Jerusalems Bürgermeister Teddy Kollek neben
den Beinen von Marlene Dietrich 1966 / Privatbesitz Michael Maor

Das Bild
einer großen Freundschaft

Im Mai 1966 kommt Bundeskanzler Konrad Adenauer nach Israel. Er unterhält viele Kontakte zu Israel, insbesondere verbindet ihn eine Freundschaft mit Israels Staatsgründer David Ben Gurion. In dessen Alterswohnsitz Sde Boker trifft er ihn in der Negevwüste. Mit dabei ist Michael Maor, der für die Deutsche Presseagentur die Reise begleitet. Ich erinnere mich noch, wie wir den großen staksigen Konrad Adenauer begleiteten. Er traf Ben Gurion in dem Kibbuz, in dem er seinen Lebensabend verbrachte. Alles wirkte hier sehr einfach und familiär. Die Wohnhäuser glichen einfachen Baracken.

Ben Gurion legte keinen großen Wert auf Statussymbole. Die Einrichtung war sehr bescheiden. Das machte den Staatsgründer unter den Israelis so beliebt, weil er im Vergleich zu seinen Amtsnachfolgern keinen Wert auf Luxus legte. Er liebte Bücher, sein Arbeitszimmer und saß gern im Schatten auf seiner kleinen Terrasse, wo er auch den Gast aus Deutschland empfing.

Adenauer wirkte dagegen ein wenig fremd in dieser Gegend. Er trug einen Anzug, während Ben Gurion nur mit Hemd und Hose bekleidet war, deren Gürtel um den rundlichen Körper geschnallt war. Nachdem sie sich nebeneinander haben ablichten lassen, überlegten sie, ob es noch einer weiteren Geste bedurfte. Beide waren nicht sehr spontan, doch irgendwie fielen sie sich in den Arm. Der kleine Ben Gurion drückte den großen Adenauer, der mit seiner Sonnenbrille über Ben Gurion hinweg schaute. Und wenn man genau hinsieht, erkennt man, dass sich Ben Gurion freute. Diese sehr herzliche Aufnahme ist einzigartig. Das ist meiner Ansicht nach ein fantastisches Bild.[26]

Das Bild einer großen Freundschaft –
Konrad Adenauer und David Ben Gurion
umarmen sich herzlich in Sde Boker 1966 /
Privatbesitz Michael Maor

*Das Bild wird 2015 für die Ausstellung „Israelis und Deutsche –
50 Jahre diplomatische Beziehungen"*[27] *wiederentdeckt und ist
einer der Aufmacher für die Ausstellung im Deutschen Bundestag,
die zeitgleich durch Deutschland und Israel reist. Zuvor muss die
Kuratorin der Ausstellung, Alexandra Nocke, in Israel nach dem
Fotografen Michael Maor suchen, der nicht so einfach zu finden
ist wie etwa die Fotografen David Rubinger und Micha Bar-Am.
Doch nach aufwendiger Telefonbuchrecherche kommt sie mit ihrer israelischen Kollegin ans Ziel und kann nach mehreren Anrufen
den echten Michael Maor ausfindig machen. Eine Mitarbeiterin
reist nach Modiin, um Maor zu interviewen, und dieser freut sich
über das Interesse an seiner Person.*

*Anders als andere Pressefotografen arbeitete Michael Maor
neben dem Fotografenjob immer auch für den israelischen Geheimdienst oder die Armee. Solche Doppeltätigkeiten waren nicht
ungewöhnlich in einem kleinen Land wie Israel, das stets von
vielen Seiten bedroht wurde. Das Agentennetz des Mossad war
nicht nur außerhalb Israels aktiv, auch im Land hatten Journalisten
wie auch Fotografen, die bei Staatsbesuchen im Einsatz waren,
nicht selten einen Draht zum Mossad. Während Rubinger für das
Time Magazine arbeitete, ist Maor für die Deutsche Presseagentur*

und zugleich für das Außenministerium als Fotograf im Einsatz gewesen. Das hatte bei Staatsbesuchen viele Vorteile, denn der Offizier Maor hatte teilweise bessere Chancen an die Staatschefs heranzukommen als andere.

Diese Verquickung von Armee, Geheimdienst und zivilgesellschaftlichen Akteuren ist bis heute Teil der israelischen Gesellschaft, die immer auch Zivilisten als Reservisten für den Ernstfall vorhält. So ist es nicht verwunderlich, dass die meisten israelischen Premierminister eine militärische Vergangenheit haben.

Michael Maors Foto wird zum Aufmacherbild der deutsch-israelischen Wanderausstellung „Israelis und Deutsche" – hier steht er vor dem Plakat mit Kuratorin Dr. Alexandra Nocke in Tel Aviv / Dr. Alexandra Nocke

Strauß, Peres und Ben Gurion

Ich fotografierte bei vielen Staatsbesuchen und habe viele originelle Schnappschüsse hinbekommen. Dazu hatte ich auch immer großes Interesse an Autogrammen.

Zu den Prominenten gehörte auch der deutsche Atomminister Franz Josef Strauß, der Israel finanziell bei seinem Atomprogramm unterstützte. Ich habe ihn einmal in einem kleinen Atomreaktor fotografieren können. Ich kannte den Sicherheitsoffizier des Reaktors aus meiner Militärzeit. Mit dem Bild bin ich dann in die Redaktion der „Jerusalem Post" gefahren und wollte es anbieten. Doch dort wollte es keiner drucken. Ich kann mich noch erinnern, wie der Chefredakteur mir sagte: „Da sieht der Strauß aus, als hätte er schon ganz Israel aufgekauft." Ich habe aber auch andere Bilder von ihm gemacht, wie er zum Beispiel Ben Gurion trifft oder mit Shimon Peres im Büro sitzt. Beim letzten Bild hat mir Strauß mit einer goldenen Feder eine Unterschrift gegeben. Als Shimon Peres Premierminister wurde, habe ich ihn bei einem anderen Termin gebeten, das Foto auch zu signieren. Und ich weiß noch, wie er sagte: „Ich hoffe, du wirst dich mit einer silbernen Unterschrift begnügen."

Franz Josef Strauß und Shimon Peres in Israel / Privatbesitz Michael Maor

Besonders stolz bin ich auf David Ben Gurions Unterschrift auf dem Bild mit Konrad Adenauer. Adenauer habe ich nicht als Unterschrift bekommen, dafür hätte ich das Bild seinem Pressesprecher mitgeben müssen, das war mir zu riskant. Da war mir Ben Gurions Unterschrift wichtiger. Hier in Israel sagt man: „Lieber den Spatz in der Hand als die Taube auf dem Draht." Und so hüte ich diesen Schatz bis heute.

Also jetzt habe ich vom Shimon Peres eine silberne Unterschrift, von Strauß eine goldene und Ben Gurion hat, bescheiden wie er war, mit einem einfachen Kugelschreiber unterschrieben.

Franz Josef Strauß und David Ben Gurion (allerdings hat hier Shimon Peres statt Ben Gurion unterschrieben) / Privatbesitz Michael Maor

Baden mit Mobutu
und Flügel für Idi Amin

Bereits Ben Gurion versuchte, strategische Partnerschaften mit Ländern am Rand der arabischen Welt zu schließen. In dieses Programm der „Peripheral Doctrine" gehörten auch Uganda und Zaire. Israel unterstützte diese Länder in ihrer wirtschaftlichen und vor allem ihrer militärischen Entwicklung. Ugandas Militärchef Idi Amin wurde 1963 in Israel sogar zum Fallschirmspringer ausgebildet. Auch Zaires Staatschef Mobutu absolvierte eine Fallschirmspringerausbildung und erhielt Unterstützung Israels.[28] Auf beide Politiker stieß Maor als Pressefotograf und Ausbilder beim Militär.

Als die Kongolesen damals an der Fallschirmspringerschule bei uns trainierten, wurde ich eingeladen. Ich sollte die Afrikaner beim Training für das Außenministerium fotografieren. Die brauchten solche Bilder für ihre Dokumentation. Also nahm ich die Einladung an. Ich konnte kein Wort Französisch, aber dafür fotografieren, und ich war vom Fach. Ich machte meine Aufnahmen und irgendwie kam man ins Gespräch.

Der Kerl war einer der wenigen Staatsmänner, die den Mumm hatten, selbst zu springen. Davor hatte ich Hochachtung. Ich erinnere mich doch noch gut daran, als wir alle hohen Offiziere Israels das Fallschirmspringen beibringen sollten. Nicht jeder war davon begeistert, aber Mobutu ist selbst gesprungen. Ich weiß noch, wie wir mit ihm in einer Dakota aufgestiegen sind und ihm die Ehre gaben, als Erster zu springen. Nach dem Absprung belohnten wir uns mit einem erfrischenden Bad. Mein Fotografenkollege David Rubinger hat von uns beiden sogar ein Bild gemacht, wie wir in Tel Nov im Schwimmbecken der Luftwaffe sitzen. Der Mobutu fing mit seiner Hand Fliegen und dann schüttelte er die noch lebenden Fliegen in der Hand. Ich fragte ihn, warum der das mache. Und er sagte, um sie (die Fliegen) zu irritieren. Dann hörte er auf mit Schütteln, zerquetschte die Fliegen auf seinem Oberarm und verrieb die armen Dinger mit der Hand auf der Haut. Das war widerlich.

So wie die Fliegen hat Mobuto in seinem Heimatland seine Gegner malträtiert. Das war ein richtiger afrikanischer Diktator und sein Englisch war schlecht. Trotzdem hat er sein Training komplett durchgezogen und sogar von den Israelis den Rang eines Korporals erhalten. Da standen diese Diktatoren alle drauf und schmückten sich daheim mit diesen Auszeichnungen.

Einer, der Mobuto diesen Rang keinesfalls gönnte, war Idi Amin, Mobutos Nachbardiktator in Uganda. Ich bin ihm zum ersten Mal als Pressefotograf im Holy Land Hotel begegnet. Er war damals noch Militärchef in Uganda und soll auch zum Fallschirmspringer ausgebildet worden sein. Damals regte er sich über Mobutu auf, der zum Korporal gemacht worden war, und er selber war nur Leutnant Colonel. Den hatte er wirklich an einer englischen Offiziersschule gemacht. Die Leute vom Außenministerium sagten nichts dazu. Als ich Amin einige Jahre später wieder begegnete, war ich mittlerweile wieder beim Militär. Er war schon General und hatte Flügel. Die Flügel sollten ausdrücken, dass er auch Fallschirmspringer war. Ich persönlich habe ihn nie springen sehen. Dafür durfte ich seine faulen Offiziere trainieren. Damals war ich Kommandant einer Truppe, die den Ugandern das Fallschirmfalten und -springen beibrachte. Die waren in der Nähe von Hadera untergebracht und richtige Afrikaner mit ganz dunkler Haut. Ich besuchte sie manchmal abends, um nach dem Rechten zu sehen. Da habe ich sie erwischt, wie sie schrecklich viel Bier tranken. Ich habe ihnen gesagt, sie könnten nicht besoffen zur Arbeit kommen.

Das haben sie verstanden. Sie haben hohen Respekt vor unseren Offizieren gehabt. Wenn ich reinkam, sprangen sie auf und salutierten, obwohl sie besoffen waren. Doch lange hielten die guten Vorsätze nicht an. Bei solchem Besuch habe ich 19 leere Bierflaschen auf dem Boden entdeckt und sie gefragt, warum die Flaschen auf dem Boden stehen: „Why did you put the bottles on the floor?" Und sie antworteten: „Like the British officers." Ich fragte sie wieder: „Warum?" Worauf sie erwiderten: „The British put the legs on the table and the bottles of beer on the bottom." Die feine englische Art war das nicht, aber offenbar eine britische Angewohnheit, die sich leicht nachmachen lässt.

Irgendwann reichte es mir und ich sprach mit dem Außenminister Ugandas, der auch bei uns in Israel war. Ich sagte ihm: „Deine Leute sind faul, wollen nicht arbeiten und nur saufen. Ehrlich gesagt, ist mir das egal. Wenn ihr keine Motivation habt, wird aus eurem Land nichts werden." Ich riet ihm mit den Offizieren zu sprechen. Wenn er das nicht tue, würde ich niemanden zwingen zu springen, und sie könnten unverrichteter Dinge abreisen. Er hat mit seinen Offizieren daraufhin gesprochen und die haben gespurt und gearbeitet wie verrückt. Sie haben alles beachtet, was ich ihnen gesagt habe, und nicht wieder getrunken. Sicher hatten sie auch Angst, dass sie von ihrem Chef abgestraft werden könnten. Nach allem, was man später über Amins Schreckensherrschaft gehört hat, hätte ich an Stelle der Ugander nie wieder ein Bier angerührt. – Das waren die Ugander, die bald nicht mehr unsere Freunde waren, obwohl Amin mit israelischer Hilfe ins Präsidentenamt gekommen sein dürfte. Doch da Israel nicht alle Wünsche erfüllen wollte, folgte Funkstille zwischen beiden Ländern. Wir haben dann keine Ugander mehr trainiert.

Rückkehr zum Militär

Vor dem Sechstagekrieg kehrte ich wieder zurück zum Militär und war zunächst für jene Soldaten zuständig, die mobilisiert werden sollten. Da gab es viel zu tun, da der Krieg im Juni 1967 viele Soldaten an verschiedenen Fronten brauchte. Auch ich hoffte, noch einmal teilnehmen zu dürfen, und freute mich, als man mich zum stellvertretenden Adjutanten der Fallschirmspringerbrigade machte. Doch was ich nicht wusste: Man hielt uns für den Notfall zurück. Und da der 6-Tage-Krieg eben nicht lange dauerte, hatten wir nichts zu tun, als Leute zu chauffieren. So bekamen wir Autoschlüssel und fuhren Busse hin und her. Etwas Langweiligeres ist mir in meiner ganzen Militärlaufbahn nicht untergekommen, bis aufs Kartoffelschälen am Anfang, als ich mich bei den Fallschirmspringern angemeldet hatte. Es ist traurig, wenn die israelische Armee Erfolge erkämpft und du musst daheim in der Kaserne sitzen oder kümmerst dich um den logistischen Nachschub. Wir waren alle frustriert, aber was willst du machen. Befehl ist Befehl. Wir sollten uns nur bereithalten. Wir warteten auf unseren Befehl, doch der kam nicht. Dann war der Krieg vorbei und wir bekamen alle einen Schlüsselanhänger, obwohl wir nichts geleistet hatten.

Jemenitin trifft Jecke – Israelische Hochzeit

Während des Krieges war ich in der Fallschirmspringerbrigade 80. Auch wenn ich nicht wirklich zum Einsatz kam, erinnere ich mich an diese Zeit sehr gern. Meine Kaserne befand sich nämlich in unmittelbarer Nähe des Krankenhauses, in dem meine Verlobte arbeitete. So hatten wir auch im Krieg viel Zeit füreinander und ich schaute oft bei ihr vorbei. Schließlich mussten wir unsere Hochzeit vorbereiten. Die war im Übrigen von uns schon vor dem Krieg geplant.

Verlobung 1966 /
Privatbesitz
Michael Maor

Eine Woche nach dem 6-Tage-Krieg haben wir uns dann das Ja-Wort am 22. Juni 1967 gegeben und in Tel Aviv geheiratet. Für die Feier habe ich beim Militär einen Saal gemietet. Meine Frau Sara stammt aus dem Jemen und ihre Eltern waren fleißige, aber auch arme Leute. Die Jemeniten hatten es damals nicht leicht in Israel. Sie flohen aus ihrem Land und begannen hier mit nichts. Da herrschte viel Armut. Demzufolge gab es auch keine Unterstützung von Saras Eltern und meine waren schon lange tot. Trotzdem kratzten wir unser hart erarbeitetes Geld zusammen und konnten die Feier in den Räumen der Armee ausrichten.

Familie Maor feiert kurz nach dem Sechs-Tage-Krieg 1967 Hochzeit /
Privatbesitz Michael Maor

Unser schönstes Geschenk erwartete uns in den Flitterwochen. Die verbrachten wir im Süden, in Israels Badestadt am Roten Meer. Eilat war damals ein kleines Dorf. Ein paar Wohnblöcke standen mitten in der staubigen Landschaft. Es gab eine größere Straße, die um die Bucht verlief, das war's.

Wir wohnten in einem spartanischen Bungalow, der sich dort befand, wo heute das mondäne Herods-Hotel steht. Da gab es damals nur eine Handvoll Bungalows. Es gab keine Hotels, wie wir sie heute kennen, und Restaurants gab es auch nicht. Wir gönnten uns hin und wieder eine Shewarma an einem Imbiss, wahrscheinlich dem einzigen damals in Eilat, und aßen Fisch bei einem Fischer, dessen kleines Lokal Joske Dagim hieß, was soviel bedeutet wie Jossi der Fisch. Ansonsten versorgten wir uns selbst und genossen die fabelhafte Landschaft. Das Meer war wunderbar und es war schön heiß zu dieser Zeit.

Alle Menschen, die hier lebten, waren von dem schnellen Sieg der israelischen Armee begeistert und jeder, der im Krieg war, wurde bewundert. Das führte schließlich dazu, dass wir für unsere Unterkunft nichts bezahlen mussten, weil man uns Soldaten dankbar war. Gerade in Eilat, das als israelischer Außenposten am Roten Meer immer um seine Existenz bangen musste, waren die Menschen in mehrfacher Hinsicht dankbar und beruhigt nach diesen Siegen an so vielen Fronten.

Diese kostenfreien Flitterwochen haben uns doppelt Freude bereitet und wir erinnern uns bis heute an die schöne Zeit.

Sara und Micha freuen sich mit Sohn Dan über die Geburt
der Tochter Orna im Januar 1971 / Privatbesitz Michael Maor

Von den Fallschirmspringern
zur Luftaufklärung

Nach dem 6-Tage-Krieg habe ich meine Einheit bei den Fallschirmspringern verlassen und bin in die Aufklärungsabteilung nach Tel Aviv gegangen. Dort habe ich mich auf die Luftüberwachung spezialisiert. Wir werteten Luftbildaufnahmen von Syrien und Libanon aus und konnten gut erkennen, ob irgendwo neue Waffendepots, Fabriken oder Abschussrampen gebaut wurden. Ich nahm an Kursen für Nachrichtenoffiziere teil und habe auch einen viermonatigen Entzifferungskurs für Flugaufnahmen abgelegt. Das machte mich bald zu einem Experten auf dem Gebiet. Dort habe ich dann fünf Jahre für den Generalstab gearbeitet. Ich war der Vizechef der syrischen Abteilung. Das bedeutete, ich war für alles verantwortlich, was in Syrien über und unter der Erde wuchs. Später kam der Libanon hinzu. Für unsere Arbeit bekamen wir die Aufnahmen von der Luftwaffe, die mussten wir auswerten. Das passierte im Hauptquartier der Luftwaffe in Tel Aviv. Damals war Arafat im Libanon und die Hisbollah war noch nicht da. Wir haben mit unseren Daten die Militärschläge vorbereitet. Im Jom-Kippur-Krieg bestimmte ich sogar die Ziele, die bombardiert wurden.

Um strategische Ziele ausfindig zu machen, war es wichtig, die Luftaufnahmen richtig auszuwerten. Neben den Aufnahmen nutzten wir Informationen von Agenten. Aus diesen Quellen wurde bestimmt, welche Ziele angegriffen werden sollten. So entdeckte ich etwa das Hauptquartier des syrischen Militärs in Damaskus, das dann bombardiert wurde. Die Bombe ist aber nicht explodiert, das wusste ich damals nicht. Als ich nach dem Krieg Gefangene verhört habe, fragte ich einen syrischen Feldwebel, der im Generalstab unserer Gegner saß. Der berichtete mir, dass sie damals zwei israelische Flieger gefangen genommen hatten, die unten im Bunker saßen. Dort sollten sie verhört werden. Dann fiel die Bombe, die nicht explodierte. Das war der Grund, dass der Feldwebel noch am Leben war.

Das ist schon verrückt. Irgendwie habe ich mich nach dem Verhör gefreut, dass ich damals bei meiner Zielbestimmung richtig lag, auch wenn es immer um Leben und Tod ging.

Ich hatte später ein Verhör in Atlit. Dort, wo ich einst als Einwanderer hinter Stacheldraht gewartet hatte, um einem Kibbuz zugeordnet zu werden, saßen nun syrische Gefangene, deren Kommando den Mount Hermon [29] eingenommen hatte, bevor wir ihn eroberten. Unter ihnen war einer, der nicht sprechen wollte. Ich hatte damals einen irakischen Übersetzer. Ich rief den Mann rein und wusste, dass er auch Hebräisch spricht. Die Syrer haben alle Hebräisch gelernt. Aber ich ignorierte das und sagte dem Iraker, er solle übersetzen. Dann hörte der Araber, was ich sagte. Was er nicht wusste, dass ich auch Arabisch konnte. Ich bekam dann mit, dass er nicht das antwortete, was ich fragte. Da habe ich dem Übersetzer gesagt: „Wenn du nicht richtig übersetzen kannst, was ich frage, dann stellst du keine Fragen mehr." Darauf fragte er erstaunt: „Du sprichst Arabisch?" Und ich antwortete: „Ja." Der Syrer wollte jetzt erst recht nicht mehr reden. Da sagte ich: „Kein Problem." Ich habe ihm eine Dattel gegeben und gefragt, ob er Kaffee wolle. Nach einer halben Stunde sagte ich ihm: „Vielen Dank, du bist ein fantastischer Mann." Er ging dann wieder zu den anderen Gefangenen.

Der Übersetzer fragte mich, ob ich verrückt sei. „Nein", sagte ich. Am nächsten Tag spielten wir dasselbe Spiel. Er bekommt eine Dattel, einen Kaffee und sagt nichts. Ich dachte mir nur: Du wirst noch reden wie ein Wasserfall. Dann habe ich ihn wieder zurückgeschickt. Seine Mitgefangenen haben ihm nicht geglaubt, dass er wieder nichts erzählt habe. Sie dachten, er sei ein Verräter, und verprügelten ihn. Am nächsten Tag kooperierte er und erzählte alles, was wir wissen wollten. Das ist psychologischer Krieg. So sind wir an Informationen gekommen. Manche Leute sagen, das sei nicht anständig. Aber du musst verstehen, hier geht es immer um Leben und Tod. Entweder du bist gescheiter und schneller oder die anderen sind es vor dir.

Einen anderen Mann, der schwer verwundet war, haben sie hier in Israel operiert und ihm das Leben gerettet. Er hatte jetzt eine große Narbe auf der Brust. Ich hatte mich mit ihm einmal unterhalten und ihn gefragt, was passiere, wenn er nach Syrien zurückkomme. Er antwortete nur, er werde nichts sagen und nur seinem Vater die Narbe zeigen. Sein Vater werde sie sehen, verstehen, was passiert sei, und nichts sagen. Er hatte Angst, seine eigenen Leute würden ihn wieder misshandeln, weil er von den Israelis operiert worden war. Die Syrer waren die Schlimmsten.

Alleingang

Mit den Informationen aus den Verhören und von den Luftbildaufnahmen haben wir versucht, wichtige Tanklager ausfindig zu machen, die dann bombardiert wurden. Die Ziele legte ich fest. Wir waren sehr erfolgreich in diesem Krieg und irgendwann stand die syrische Kriegsmaschinerie still, weil wir den Großteil der Tanklager zerstört hatten. Dann haben die Syrer von den Russen Unterstützung bekommen. Über den Hafen von Tartus. Dort waren die Russen stationiert. Da haben sie Tanker mit Benzin hingeschickt, um den Syrern zu helfen. Mit Lastwagen wurden dann Benzin und Waffen in Richtung Front transportiert. Wir haben das nicht mitbekommen, weil sie das nachts gemacht haben. Zu der Zeit saß ich in Tel Aviv im Kommandobunker und bekam plötzlich eine Anfrage der Luftwaffe, die Flugzeuge mit Raketen in Richtung Syrien losgeschickt hatte. Die konnten aber keine Konvois ausfindig machen. Nun war ich nicht der Befehlshaber, aber der Einzige, der etwas zu aktuellen Zielen sagen konnte. Ich verwies auf ein großes Treibstoffdepot, das wir gerade entdeckt hatten. Dort sind sie hin und haben es zerstört. Ich habe für diese Entscheidung danach Ärger bekommen, aber ich sagte meinem Chef: „Was sollte ich machen? Die Flugzeuge hätten nicht mit Sprengköpfen landen können." Wäre ich zu ihm gelaufen, wären sie schon 100 km weiter geflogen. Die Entscheidung war richtig, aber mein Chef mochte diesen Alleingang nicht.

Hühner und Soldaten

Die Luftaufklärungsabteilung glich mitunter einer Rätselkompagnie. Wir hatten viele Aufnahmen, die auszuwerten waren. Die Auflösung war längst nicht so gut wie heute bei Google Maps und es gab auch keine Farbbilder. Doch das geschulte Auge konnte auf manch unübersichtlicher Aufnahme Dinge entdecken, die dem Laien nie aufgefallen wären.

Ich hatte für diese Arbeit ein Adlerauge entwickelt und genoss es, Dinge ausfindig zu machen. Gleichzeitig konnten wir die Bilder mit Berichten unserer Informanten aus Syrien abgleichen, so entstand ein schärferes Bild, als es die Luftaufnahme allein hergegeben hätte. Schön waren auch die Meinungsverschiedenheiten in der Abteilung, denn bei schwierigen Fällen setzten wir auf das Mehraugenprinzip. Es gibt eine Geschichte, an die ich mich heute noch gern erinnere: Mein Chef und ich hatten eine kleine Meinungsverschiedenheit. Im Jom-Kippur-Krieg, in dem wir den Golan gänzlich eingenommen hatten und bis 40 Kilometer vor Damaskus marschiert sind, entdeckten wir Plätze, die aussahen, als würden dort Soldaten stationiert sein. Es waren Baracken, in denen mein Chef eine Kaserne vermutete. Er setzte sich vehement dafür ein, diese seien ein wichtiges strategisches Ziel. Ich war anderer Meinung. Neben diesen Baracken nahm ich auch das Umfeld ins Visier und entdeckte vieles, was auf einen landwirtschaftlichen Betrieb hindeutete. Wahrscheinlich lag das an meiner Jugend, die ich im Kibbuz verbracht hatte. Jedenfalls war ich der Meinung, dass es sich nicht um eine Unterkunft für Soldaten handle, sondern wir auf der Karte lediglich Hühnerställe sähen. Mein Chef nahm das nicht hin. Er blieb bei seiner Version.

Als die israelische Armee das Territorium eingenommen und auch die besagte Unterkunft für Soldaten besetzt hatte, sind wir dorthin gefahren. Mein Chef und ich inspizierten das Gelände und du hättest sein Gesicht sehen müssen, als er vor den Hühnerställen stand. Da habe ich mich schon ein wenig gefreut und er musste klein beigeben – „Hühner statt Soldaten" war dann so etwas wie ein geflügeltes Wort in unserer Abteilung, wenn etwas doch kein militärisches Ziel war. Das war einer der Momente, wo wir von der Luftaufklärung nachschauen konnten, weil wir den Krieg gewonnen hatten. Es war schon verrückt. Gleichzeitig sind solche Aktionen ein gutes Training, denn das Terrain direkt vor Ort sieht doch anders aus als von oben.

Bei späteren Meinungsverschiedenheiten bei der Auswertung von Luftaufnahmen hat mein Chef mir fast immer recht gegeben

Vor-Ort-Recherche
der Luftaufklärer im Golan /
Privatbesitz Michael Maor

109

und war irgendwie auch dankbar und stolz auf seine Abteilung, die Dinge entdeckte, die nicht einmal er erkannte, wie zum Beispiel syrische Hühnerställe.

Ariel Scharon

In meiner Militärzeit habe ich auch Moshe Dayan getroffen. Er war in der Armee ein feiner Kerl. Erst später, als er in die Politik ging, hat er sich verändert – nicht zu seinem Vorteil.

Anders war es mit Arik Scharon, den ich von Anfang an kannte. Wir haben oft zusammengegessen und ich erinnere mich an ein Treffen in einem Armeecamp. Er konnte wirklich viel essen. Damals rief er dem Küchenchef zu, er solle noch zwei Käsekuchen bringen. Arik hat dann zehn Stück gegessen, ich zwei. Dem Koch sagte er, ich hätte den ganzen Kuchen gegessen, und bestellte eine große Portion Hammelfleisch.

Er war ein fantastischer Mann und kannte jeden Soldaten seiner Einheit. Ich denke an die Zeit der 1950er-Jahre und die Vergeltungsschläge. Da hatte Scharon eine Lagebesprechung gegeben und jeden Soldaten beim Namen gekannt. Als ich schon für die Grenzschutzpolizei gearbeitet habe, haben wir uns manchmal mit den Autos auf der Straße in Jerusalem getroffen. Er kurbelte die Scheibe runter und rief: „Micha, wie geht es dir?"

Das war Arik Scharon. Er kannte jeden und war ein Menschenfreund. Auch zu den Familien gefallener Soldaten seines Regiments hielt er Kontakt und half, wo er konnte. Er war ein wirklich guter Kerl, auch später noch, als er längst in der Regierung saß.

Scharon war nie abgehoben, immer zugänglich und handelte stets im Sinne Israels, auch wenn das manchmal hohe Wellen

Michael Maor und
Ariel Scharon /
Privatbesitz
Michael Maor

schlug, wie damals, als er den Tempelberg betrat. Er blieb bis
zum Schluss ein alter Haudegen und es war schade, als er aus
dem Leben ging. Denn er gehörte zu jener Generation von Politikern, die das Land mit aufgebaut und in der Armee gesichert
haben. Er wusste, was in Israel auf dem Spiel steht und wie
wichtig seine Sicherheit ist. Scharon wirtschaftete nie in die
eigene Tasche und blieb bis zum Schluss der Arik Scharon, den
ich in jungen Jahren beim Militär kennengelernt hatte.

Abschied vom Militär

Meine Karriere beim Militär endete 1975 beim Generalstab endgültig. Man bat mich, den Nachrichtendienst in der Grenzschutzpolizei aufzubauen. Das war eine Teufelsaufgabe, weil Polizei und Armee verfeindete Lager waren. Damals hatte die Polizei die Verantwortung für die Sicherheit des Landes übertragen bekommen. Das war eine Aufgabe, die sie nicht ohne Weiteres leisten konnte, und die Polizei benötigte erfahrene Experten aus dem Militär, die von den Polizisten aber nicht gemocht wurden. In der Polizei saßen wenige gute Offiziere. Die meisten waren ziemlicher „Mist".

Vor allem brauchte man Leute, die etwas von Sicherheit verstanden. Viele Offiziere wurden damals gebeten, das Militär zu verlassen und als Operationsoffiziere für Transport, Kommunikation oder den Bereich Bombenentschärfung zur Polizei zu gehen.

Abschied von den Fallschirmspringern –
Michael Maor geht zur Grenzschutzpolizei /
Privatbesitz Michael Maor

Ich wollte mich ohnehin beruflich etwas verändern und sah in der neuen Aufgabe eine Chance, wieder etwas aufzubauen. Außerdem hatte ich bereits viele Kontakte und kannte die Landesteile sehr gut, für die die Grenzschutzpolizei zuständig war. Mich reizte vor allem der Aufbau eines Nachrichtendienstes für diese Polizei, die auch für die besetzten Gebiete und die Grenzgebiete verantwortlich war. Da hatte ich mit meiner militärischen Erfahrung viel Wissen, was ich nun einsetzen konnte. So beschloss ich zu gehen und die Herausforderung anzunehmen.

Grenzschutzpolizei

Ich nahm das Angebot an, ging mit 42 Jahren beim Militär in Rente und nutzte die Chance, bei der Grenzschutzpolizei etwas völlig Neues aufbauen zu können. Zugegeben wusste niemand, wie das würde, und die Bedenkenträger rieten davon ab. Aber was hatte ich zu verlieren? Ich liebte das Abenteuer, meine Arbeit und war neugierig. Es gab kein richtiges Bewerbungsgespräch. Lediglich bei einem Termin mit dem Chef der Grenzschutzpolizei, einem kleinen General, wurde festgelegt, dass ich die Auskunft, also so etwas wie den Nachrichtendienst, aufbauen sollte. Der Mann hatte wie alle Polizisten wenig Vertrauen ins Militär und sagte nur: „Wir wollen mal sehen, wie das wird." Mit mir kamen noch einige andere Offiziere in die Grenzschutzpolizei, um sie beim Aufbau der neuen Aufgabenbereiche zu unterstützen. Das waren alles gestandene Leute, hatten Kriegserfahrung und haben in den Generalstäben verschiedener Kriege mitgewirkt. Uns konnte man nichts vormachen. Wir sollten und wollten aus der Grenzschutzpolizei eine schlagkräftige Truppe machen, die die Sicherheit des Landes gewährleisten konnte. Es gab viele Gefahren, die Sicherheit war fragil und Israel und seine Einwohner in seiner arabischen Umgebung stets bedroht.

Ich musste mir einen Apparat aufbauen, der mich mit Informationen über drohende Terroranschläge versorgte. Ich sammelte Informationen von Offizieren aus den verschiedenen Bereichen und Regionen der Grenzschutzpolizei. Neben Terroranschlägen gehörte auch die Aufklärung von Diebstählen zu meinem Ressort. Die gab es vor allem in der israelischen Landwirtschaft.

Mein Aufgabenbereich reichte vom Norden bei Metula bis nach Beer Sheva (350 km) sowie vom Mittelmeer bis in die Westbank hinein. Nach dem 6-Tage-Krieg war der Einflussbereich Israels größer geworden und ich war auch für die von Israel besetzten Gebiete zuständig.

Zuallererst sagte ich meinem Chef, dass ich mich mit den Chefs der Auskunft der Polizei treffen wollte. Ich sollte klären, wer gegen wen arbeitet. Daraufhin fragte General Jehude Levi: „Wollen Sie sich mit denen wirklich unterhalten?" Ich erwiderte nur, dass sie nicht wussten, woher ich komme, ich aber, woher sie kommen. Und so habe ich den Chef der Auskunft der Polizei und seinen Adjutanten getroffen. Die waren zunächst nicht von mir begeistert und wollten auch nicht wirklich kooperieren.

Ich erinnere mich noch, wie der Polizist mit leicht arroganter Geste fragte: „Herr Maor, wer sind Sie eigentlich?" Ich habe kurz etwas von mir erzählt. Dann kam sein zweiter Adjutant und fragte ganz freundlich: „Was können wir von Ihnen lernen?" Da schien das Eis gebrochen zu sein. Ich antwortete ihm, wir würden zwei Sachen machen: Ich würde lernen, was sie wissen, und sie, was ich weiß. Zusammen würden wir einen schönen Nachrichtendienst in der Polizei aufbauen. Mit diesem Sprichwort haben sich alle Türen für mich geöffnet.

Der General von der Grenzschutzpolizei war außer sich. Er hatte alles erwartet, nur das nicht. Dann bekam ich für alles Zusagen. Mir wurde Personal gestellt, das ich brauchte, auch Material, also Fahrzeuge, Büros und andere Dinge für die operative Arbeit. Das war großartig. Wir konnten klotzen und mussten nicht kleckern.

Arafats Mukata und ich

Es ist keine große Geschichte, aber sie sollte an dieser Stelle erzählt werden. Als ich 1975 bei der Grenzschutzpolizei begann, war unser Hauptquartier in der Mukata in Ramallah.

Das Gebäude haben die Briten in den 1920er-Jahren als Kaserne mit Gefängnis errichtet. Es dient bis 1948 als Verwaltungssitz für die britische Mandatsregierung. Danach übernehmen die Jordanier den Komplex und erweitern ihn, bis die Israelis im 6-Tage-Krieg die Westbank besetzen und dort die Militärverwaltung einzieht. Ein Teil davon gehört zur Grenzschutzpolizei. Sie wird dort angesiedelt, um mögliche Terroranschläge aus den besetzten Gebieten rechtzeitig zu verhindern. Ramallah liegt zu dieser Zeit strategisch günstig für alle Operationen in der Westbank.

Meine ersten Monate verbrachte ich in der Mukata. Dort begann ich den Nachrichtendienst der Grenzschutzpolizei aufzubauen, entwickelte Informantennetzwerke und rekrutierte neue Mitarbeiter, die Israels Sicherheit verbessern sollten. Im Februar 1976 wurde von Ramallah das Hauptquartier nach Lot verlegt. Man wollte damals die Grenzschutzpolizei aus Sicherheitsgründen auf israelischem Staatsgebiet ansiedeln und der Gefahr vorbeugen, dass wichtige Informationen in die Westbank durchsickerten. Ich hatte in Ramallah viele Büros und Freiheiten beim Aufbau meiner neuen Einheit in der Grenzschutzpolizei. Das setzte sich dann in Lot fort. Doch das Spannende an der Mukata ist, dass Israel nach dem Friedensabkommen von Oslo 1993 alle

Büros aus der Mukata ins nahe gelegene Bet El verlegte. Die Mukata ging an die Palästinenser und war von 1996 bis 2004 Amtssitz Jassir Arafats, des ersten Palästinenserpräsidenten.

In den Büros, wo wir die Operationen gegen Terroristen der PLO unter Arafat planten, saß nun Arafat. Die PLO nutzte das Gebäude für ihre Regierungszwecke. So ist es gut möglich, dass Arafat und ich dasselbe Büro hatten, glücklicherweise nicht zur selben Zeit. Die Mukata diente den Briten seinerzeit nicht nur als Verwaltungssitz, sondern auch als Gefängnis. Daran dürfte Arafat oft gedacht haben. Denn für ihn wurde die Mukata später zum Gefängnis. Er stand dort in seinen letzten Lebensjahren unter Hausarrest und musste miterleben, wie der Komplex bei einer israelischen Militäroffensive 2002 zerstört wurde.

Erst nach seinem Tod und seiner Beisetzung auf dem Gelände baute sein Nachfolger Abbas die Mukata neu auf. Sie ist heute wieder Sitz der palästinensischen Regierung.

Die Anfänge des Nachrichtendienstes in der Grenzschutzpolizei

Da das Gebiet, für das ich verantwortlich war, groß und unübersichtlich war, teilte ich es in verschiedene Regionen auf. Ich bildete mehrere Einsatzeinheiten, die vor allem an der Grenze im Norden und nach Transjordanien stationiert waren. Aus jeder Einheit nahm ich einen Mann und ließ ihn besonders ausbilden. Die Kurse habe ich von meinen Freunden bei der Polizei geben lassen. Dort haben sie meine Mitarbeiter geschult, wie man Informantennetzwerke aufbaut. Unter ihnen waren meistens Marokkaner. Juden, die Arabisch sprachen und auch so aussahen. Das war hilfreich gerade in den Grenzgebieten zu unseren arabischen Nachbarn. So wuchs ein gut funktionierender Sicherheitsapparat, der viele Informationen sammelte. Das half, entsprechende Operationen vorzubereiten. Man fragte mich einmal, was ich für Personal brauche. Daraufhin habe ich gesagt: „Ich brauche keine Leute, die mit dem Messer im Mund rumlaufen. Sie sollen lesen und schreiben können." Gerade für die Juden aus Nordafrika war dieser Job der Einstieg in eine berufliche Karriere in ihrer neuen Heimat Israel. Viele hatten Probleme, hier Fuß zu fassen. Ich sorgte dafür, dass sie anständig ausgebildet und bezahlt wurden. So habe ich aus denen Leute gemacht, die sehr gute Arbeit geleistet haben.

Die Polizei hatte nicht viel Geld, aber meine Leute hatten alles, weil unsere Arbeit geschätzt wurde. Sie hatten alle ein Büro, waren bewaffnet und hatten geländegängige Fahrzeuge mit Funkgeräten. Wir waren so etwas wie eine kleine militärische Sondereinheit, die gut ausgestattet war. Wir hatten nicht alles sofort, doch mit einigen Tricks habe ich vieles organisiert. Zum Beispiel hatte ich einen Mitarbeiter, der einen Jeep fuhr. Ich sagte, es gehe nicht, dass er jemanden verhört, ohne geschützt zu werden. Das war überzeugend. Also bekamen wir für alle einen Chauffeur. Überhaupt war es besser, wenn man zu zweit unterwegs war. Die Zeiten waren nicht sicher und es kam immer wieder an der Grenze zu Überfällen. Die Fahrer sollten auch keine Idioten sein. Deshalb habe ich sie alle auf die Schulbank zum Schreiben- und Lesenlernen geschickt. Danach besuchten sie noch andere Kurse und wurden zu wichtigen Stützen in meinem Sicherheitsapparat. So wuchs mein Netzwerk an Experten. Pro Einheit hatte ich dann zwei Leute, die mit Informanten umgehen konnten. Das hat sich bald ausgezahlt, denn wir bekamen viele Informationen zu geplanten Überfällen.

Später brachte ich ihnen bei, wie jeder sein Terrain aufzubauen hatte. Das Wichtigste war, dass jeder sein Gebiet und die Leute genau kennen musste. Jeder musste genau wissen, welche Bauern dort lebten, was sie anbauten und was sie besaßen. Nur so konnte man überprüfen, ob wirklich etwas gestohlen wurde. Und wenn etwas bei wem anders auftauchte, hätte man den Schuldigen schnell ertappen können. Das war ein bisschen wie in der Grundschule. Wir brauchten also genaue Zahlen, wie viele Tiere, wie viele Apfelbäume und Äcker die Bauern besaßen. Wir haben sogar ausgerechnet, wie viel Obst jeder Baum einbringt, und das dann hochgerechnet. Das heißt, wir waren manchmal schlauer als die Bauern selbst. Dass es sich lohnte, hat sich bald herauskristallisiert. Die Bauern waren es gewohnt, zu behaupten, man hätte ihnen zum Beispiel zwei Tonnen Äpfel gestohlen. Doch dann haben wir manchmal nachgerechnet und festgestellt, dass mancher Bauer nie so viele Äpfel an seinen Bäumen hätte ernten können. So konnten wir das eine oder andere schwarze Schaf entdecken.

Bauern, Bienen, Baumwollballen

Ich erinnere mich, wie ich eines Tages einen Anruf bekam, bei dem sich ein Bauer beschwerte. Er sagte, man habe ihm seine ganzen Äpfel gestohlen. Ich entsandte sofort einen meiner geschulten Mitarbeiter, und er musste feststellen, dass der Bauer keinen einzigen Apfelbaum besaß. Sie merkten recht schnell, dass sie nicht mehr tricksen konnten.

Eine weitere Episode ist die Geschichte von den gestohlenen Bienenstöcken. Ich habe ein Kleinflugzeug genommen, bin über die Westbank geflogen und habe dort auch Bienenstöcke entdeckt. Das war damals recht einfach, denn die israelischen Bienenstöcke waren immer weiß und die von den Arabern blau. Ich entdeckte also weiße Bienenstöcke und bin wieder zurückgeflogen. Wir haben dann eine Mannschaft von 30 Leuten mobilisiert und sind in das arabische Dorf gefahren, wo die israelischen Bienenstöcke standen. Der israelische Bauer hatte gesagt, dass ihm 30 gestohlen wurden, die fanden wir nun im Dorf. Nachdem Israel die Westbank besetzt hatte, galten wir als verhasste Besatzer, dementsprechend freundlich war man uns gegenüber gesonnen. Doch damit wurden wir fertig. Nun sah alles danach aus, dass diese Araber den Israeli bestohlen hatten. Doch uns offenbarte sich eine Überraschung: Einer meiner Mitarbeiter, der Arabisch sprach, klärte die Sache auf. Die Bienenstöcke waren nicht gestohlen, sondern verkauft worden. Er brachte sogar eine Quittung mit, worauf der Israeli dem Araber den Kauf quittiert hatte. Die Rechnung für diesen Betrug durfte dann der israelische Bauer bezahlen und bekam oben drauf eine saftige Geldstrafe.

Einen ähnlichen Fall haben wir beim Diebstahl von Baumwollballen erlebt. Die Baumwolle wird geerntet und in riesigen Ballen auf den Feldern gelagert, um später auf Paletten abtransportiert zu werden. Auf großen Lastern werden diese Paletten in die Fabrik geschafft, um dort verarbeitet zu werden. Die Anzahl der Paletten, die jeder Bauer zuliefert, wird genau notiert. Und es gab den Fall, dass ein Bauer meinte, man habe ihm eine Palette gestohlen. Wir haben das Ganze überprüft und festgestellt, dass er in diesem Jahr nur fünf Palletten abgeliefert hatte, während sein Nachbar statt sechs sieben geliefert hatte. Damit war klar, dass sich der Nachbar bedient und eine Baumwollpallette für sich abgezweigt hatte.

Weiterhin gab es immer wieder Diebstähle von Getreide. Dahinter steckten oft Beduinen. Ich sagte damals zu meinen Leuten: „Haltet jeden Beduinen fest, der im Negev Getreide erntet, und ruft in den Kibbuzim an, ob sie ihr Getreide von den Saisonarbeitern gerade abernten lassen." Die Leute in den Kibbuzim haben mich ausgelacht und gesagt, ich fantasiere. Dann stellen sie plötzlich fest, dass ein Araber ein Feld abgeerntet hat. Sie haben im betroffenen Kibbuz angerufen, die meinten, dass sie noch nicht ernten. Du hättest sehen sollen, wie dankbar die waren, dass wir geguckt haben, wer auf den Feldern arbeitet. Das waren natürlich nur Stichproben, aber die haben sich gelohnt. Man belächelte die Grenzschutzpolizei immer seltener und war froh, dass wir zu solch schlagkräftiger Truppe geworden sind.

Getreide, Baumwolle, aber auch Schafe und Kühe wurden gern gestohlen. Ich entdeckte einmal, wie ein israelischer Tierarzt einfach die Marken von Nummern israelischer Kühe, die zum Schlachthaus gebracht wurden, arabischen Kühen auf die Ohren setzte. Dann meldete er das als Diebstahl und die arabischen Bauern waren dran. Die wurden ohnehin kritischer behandelt. Aber bei solchen Fällen wollten die Israelis die Schuldigen zur Verantwortung ziehen. Zum Glück deckten wir diesen Betrug auf und konnten den verantwortlichen Veterinär bestrafen.

Das war immer so eine Sache. Israel und die besetzten Gebiete hatten keine richtige Grenze. Es gab viele Diebstähle auf beiden Seiten und gerade israelische Kriminelle nutzten das oft zum Nachteil ihrer arabischen Nachbarn aus. Das hat das Miteinander, das durch die Besatzung schon schwer war, noch schwieriger gemacht. Aber auch hier hat Israel mit seiner Grenzschutzpolizei die Gesetze eingehalten und die Schuldigen bestraft. Selbst wenn man Israel Siegerjustiz vorwirft, ich habe mich stets an die Gesetze gehalten und Verstöße wurden auch innerhalb der Polizei geahndet. Das gab es nicht überall im Nahen Osten.

Der Sheriff von Jerusalem

Jerusalems Altstadt ist ein Labyrinth aus vielen Gassen. Hinzu kommt, dass seit der Besetzung Ostjerusalems Juden auch im arabischen Teil leben und Araber das verständlicherweise wenig begrüßen. Es gibt ständig ein Hin und Her, und für die polizeiliche Arbeit entstehen dadurch unüberwindbare Hürden.

Neben den besetzten Gebieten sind auch heute noch die meisten Grenzschutzpolizisten in Jerusalem stationiert. Das spürt man als Tourist vielleicht nicht, aber für die israelischen Sicherheitsbehörden ist Jerusalem ein rotes Tuch und eine Hochsicherheitszone. Hier kann viel passieren, und um das zu verhindern, sind die Grenzschutzpolizisten überall stationiert.

Aber auch hier habe ich die Aktivitäten der Grenzschutzpolizei mit Kreativität und manchmal etwas Chuzpe verstärkt. Ich erinne mich an die 1970er-Jahre. Es kam immer wieder zu Demonstrationen. Israel war der böse Aggressor, der den arabischen Teil besetzt hatte und den Arabern das Leben schwer machte. Das stimmt auch, aber wir machten das aus Sicherheitsgründen und wollten keine Bedrohung in unseren Gebieten haben. Das gilt auch für die besetzten Gebiete. Bis heute ist es schwierig, die Kriminalität einzudämmen, wenn ich an die Messerattacken bisher unauffälliger arabischer Jugendlicher denke, die auch junge Polizisten und Polizistinnen der Grenzschutzpolizei das Leben gekostet haben. So etwas kann man nicht bekämpfen, man ist machtlos.

Damals wollten wir natürlich die Organisatoren der antiisraelischen Demonstrationen dingfest machen und dafür sorgen, dass sie nicht weiter Stimmung gegen Israel machten. Wir wollten sie verhören, was sie noch vorhatten, wer ihre Hintermänner waren und welche Verbindungen sie zur Fatah hatten. Das war keine schöne Sache, aber wenn man Tote verhindern kann, muss man vorher gescheit sein und die richtigen Schlüsse ziehen. Wichtig ist, dafür zu sorgen, dass diese Organisationen sich erst gar nicht in Jerusalem festsetzen können. Also begleiteten wir die Demonstrationen mit arabischen Informanten und verfolgten die Leute schließlich, doch zunächst ohne Erfolg. In den Gassen verschwanden die Araber einfach und wurden unsichtbar. Auch Razzien in den Häusern führten zu keinem Erfolg. Ich erinnerte mich an meine Arbeit im Syrienkrieg für den Generalstab.

Damals war ich der Verantwortliche, der wichtige strategische Ziele zu bestimmen hatte. Wir arbeiteten mit den Fotos der Luftwaffe, und genau das setzten wir jetzt wieder ein.

Wir beobachteten die Altstadt aus der Luft und konnten sehen, wohin unsere schwarzen Schafe entschwanden. Ich bestellte von der Luftwaffe entsprechende Aufnahmen der Altstadt. Nun konnten wir genau sehen, von welchem Dach man auf die anderen Dächer konnte, und uns einen Schlachtplan erstellen. Ich unterwies meine Mitarbeiter in Jerusalem bei der nächsten Demonstration Stellung auf den Dächern zu beziehen. Wir bestimmten dafür entsprechende Positionen, dann ging es los. Nachdem wir unten die Araber durch die Gassen verfolgten und sie entschwanden, warteten die anderen Beamten der Grenzschutzpolizei auf den Dächern. Wir jagten durch die Häuser und so gingen sie uns schnell ins Netz.

Mit dieser Aktion machte ich mir einen Spitznamen. Meine Kollegen nannten mich danach den Sheriff von Jerusalem. Das waren wilde Zeiten.

Bei einer Verfolgungsjagd, die auch durch diverse Zimmer in den Häusern führte, entdeckten wir eine junge Deutsche, die sich uns in den Weg stellte und anfing, mit uns zu schimpfen. Als ich hörte, dass sie Deutsch sprach, fragte ich sie, was sie hier mache. Daraufhin sagte sie, das gehe mich nichts an, es sei Privatsache. „Gut", antwortete ich, „wenn es Privatsache ist, dann zeigen Sie mir bitte Ihren Pass." Ich stellte fest, dass er abgelaufen war. Hätte sie nicht so ein Theater gemacht, hätte ich sie gelassen, aber so blieb mir nur die Abschiebung. Innerhalb der nächsten 24 Stunden war die junge Frau außerhalb Israels. Das wäre nicht passiert, hätte sie nicht diesen Aufstand gemacht.

Gaza

Gaza wird nach dem 6-Tage-Krieg von Israel besetzt und verwaltet. Die Einwohner leben unter israelischer Besatzung, die die Versorgung kontrolliert und aufrechterhält. Die Bewohner können weitgehend frei leben und ihren Berufen nachgehen. Nur politische Aktivitäten, insbesondere der Freiheitskampf der Fatah, werden von Israel bekämpft. Trotz dieser latenten Spannungen sind Gaza und Israel nicht voneinander getrennt. Sowohl Israelis als auch Palästinenser können die Grenze zum jeweils anderen Gebiet weitgehend problemlos übertreten. Arabische Arbeiter pendeln nach Israel, während Israelis in Gaza Möbel preiswert fertigen oder ihre Autos reparieren lassen. Zudem gibt es zu dieser Zeit in Gaza unberührte Strände und jüdische Siedlungen, die wunderbar gelegen sind.

Die Fatah ist weitgehend vom Mossad kontrolliert und die Hamas gibt es so noch nicht. Gaza ist eine Mischung aus Orient, mediterranem Flair und einem Hauch israelischer Besatzung. Die Palästinenser haben zwar kein eigenes Palästina und werden aus ihrer Perspektive ungerecht behandelt, sie genießen aber einen gewissen materiellen Wohlstand, der auch durch die israelische Verwaltung gesichert ist. Doch gerade diese Mischform von Israel und Gaza bietet auch Kriminellen ideale Bedingungen.

1984 gab es im Hauptquartier der israelischen Polizei in Jerusalem eine große Versammlung. Dabei beklagten Autoversicherer, dass in Israel pro Jahr 40.000 Autos verschwinden und sie für die Schäden aufkommen müssten. Israel ist ein kleines Land und zu dieser Zeit gab es zwar schon viele Autos, aber 40.000 war zu viel. Die Versicherungen verlangten von der Polizei, dass sie sich darum kümmere. Ich sagte auf dieser Versammlung den Versicherungen, dass sie sich finanziell an den Ermittlungen beteiligen müssten, schließlich gehe es hier um ihr Geld. Sie reagierten zunächst empört, im Nachhinein ist aber doch etwas finanzielle Unterstützung für die Polizei gekommen.

Man entschied, mich als Chef des Nachrichtendienstes (Intelligent officer) der Grenzschutzpolizei nach Gaza zu schicken, wo man die Übeltäter vermutete. So kam ich in den Gazastreifen mit über 200 Leuten, um den größten Autodiebstahl in Israels Geschichte aufzudecken. Ich musste herausfinden, wo die gestohlenen Fahrzeuge steckten und wer dafür verantwortlich war und vor Gericht gestellt werden musste.

In Gaza gab es bereits Polizei und einen Informationsoffizier, der in meinen Augen aber seine Aktivitäten auf den Besuch von Kaffeehäusern und Restaurants beschränkte. Er war von der Blauen Polizei, „die Einfache", und wir waren die Grüne. Ich gab ihm also zu verstehen, wir seien auf seine Arbeit nicht angewiesen, und schickte ihn nach Hause, weil er auch keine sachdienlichen Informationen für uns hatte. In meinen Augen hatte er seinen Beruf verfehlt. Er hatte aber einen arabischen Mitarbeiter, der sich gut in Gaza auskannte. Das sollte der Mann sein, der mir künftig helfen sollte und besonders wichtig war. Er hatte bereits unter den Ägyptern für die Polizei gearbeitet. Unsere Zusammenarbeit war großartig und ich dankte ihm das mit allen Ehren.

Mit Ahmed [30] und drei weiteren proisraelischen Palästinensern habe ich ein Informantennetzwerk aufgebaut. Nachdem ich die ersten belastbaren Fakten hatte, folgten jeden Abend Razzien in Gaza. Ich habe damals mächtig Druck gemacht, da dieser Auftrag ein ganz besonderer war und ich liefern musste. Bei den Razzien gab es dann erste Festnahmen und wir bekamen alle Haftbefehle vom Richter in Gaza. Der war zwar von der israelischen Verwaltung eingesetzt, aber natürlich plauderte er vor seinen Landsleuten, was wir vorhatten. Ich hatte den Verdacht, dass er uns zwar die Durchsuchungs- und Haftbefehle unterschrieb. Gleichzeitig hatte ich aber das Gefühl, dass diejenigen, die wir suchten, gewarnt wurden von eben diesem palästinensischen Richter. Es kam immer öfter vor, dass er unterschrieb, doch der Delinquent nicht auffindbar war. Mir reichte es dann und ich ließ durch meinen arabischen Mitarbeiter dem Richter ausrichten, ich wisse, dass er Informationen weitergebe und die Leute warne. Er musste mir die folgenden Haftbefehle blanko unterschreiben, sehr zu seinem Leidwesen. Aber ich kenne die Araber und weiß, dass ihnen die Ehre über alles geht. Ich sagte ihm, dass ich ihn fünf Minuten vor dem Zugriff anrufe, so könne er die Leute warnen und würde seine Ehre nicht verlieren. Wir aber kamen dann gleich um die Ecke und schlugen zu.

Die Rechnung ging auf und wir waren sehr erfolgreich. Sicher ist das alles nicht in Ordnung gewesen, aber das war damals möglich und meine Tricks hatten Erfolg. Nach zwei Monaten gab es keine Diebstähle von Fahrzeugen mehr, die nach Gaza gingen. Ich bin dann hinter die Taktik der Autohehler gekommen. Autos, die in Israel gestohlen worden waren, wurden nicht einfach gestohlen. Man baute die Wagen auseinander und lagerte die Ersatzteile woanders. Später wurden diese dann auf Chassis aufgebaut, die von der Versicherungsgesellschaft als Totalschaden mit einer israelischen Nummer abverkauft worden waren. Die Palästinenser hatten dann in ihrer Werkstatt die Unfallautos mit den frisch gestohlenen Fahrzeugen so zusammenzubauen, dass alles wieder in Ordnung war. Es musste aber immer alles passen. Das Fahrzeug und die Farbe mussten stimmen, damit man bei einer späteren Kontrolle der Chassinummer keinen Verdacht schöpfen konnte. Doch als ich kam, war der Spuk vorbei und in Gaza hatten auf einmal viele Werkstätten nichts mehr zu tun.

Besuch bei Grenzschutzpolizei 2017

Es ist September 2017. Michael Maor begibt sich mit mir auf eine Reise durch Israel an den Ort, wo der getöteten Grenzschutzpolizisten gedacht wird. Für sie hat die Grenzschutzpolizei das Israeli Border Police and Heritage Center errichtet. Zugleich wird hier auch die Geschichte der Spezialeinheit erforscht. Das Memorial und Heritage Center befindet sich westlich von Hadera in der Nähe von Zomet Iron. Auf einem Hügel entdeckt man schon von Weitem ein turmartiges Gebäude, das wie eine Mischung aus einem Wachturm und einer wehenden Fahne wirkt.

Nachdem wir die Personenkontrolle an einem kleinen Kontrollhäuschen auf dem Areal bei einem jungen freundlichen Soldaten passiert haben, werden wir von Shay Gilboa empfangen. Er ist der stellvertretende Direktor des Museums der Border Police. Der junge Mann mit rötlichen Locken und einer für Israel untypisch hellen Haut lässt in ihm eher einen Schotten oder Iren vermuten, doch weit gefehlt. Shay Gilboa ist durch und durch Israeli und seit 2010 begeisterter Grenzschutzpolizist. Das liegt zum einen an der wichtigen Aufgabe, die dieser Polizeieinheit zukommt, zum anderen aber auch daran, dass Gilboa an der Erforschung der Geschichte dieser beliebten Einheit der Verteidigungskräfte mitwirkt. Als er Michael Maor trifft, ist er ganz außer sich und schwärmt von den großen Verdiensten, die Maor im Rahmen seiner Tätigkeit für den Aufbau des Nachrichtendienstes in der Grenzschutzpolizei errungen hat.

Der rüstige Senior Maor mag diese Bewunderung, vor allem an dem Ort, an dessen Geschichte er maßgeblich beteiligt ist. Shay wird nicht müde, immer wieder zu betonen, wie bedeutend die Arbeit Maors war. Er nimmt uns zur Seite und zeigt uns das Memorial. Der spitz in den Himmel ragende Turm ist über eine Treppe begehbar.

Rückkehr an einen Ort voller Erinnerungen – Michael Maor und Shay Gilboa,
Historiker der Grenzschutzpolizei, auf dem Gelände des Memorials
der getöteten Grenzschutzpolizisten / Sebastian Mantei

Am unteren Ende zieht sich von diesem Gedenkturm eine Wand
entlang, die den davor liegenden Appellplatz begrenzt.

Auf dieser langgestreckten Mauer sind die Namen jener Polizisten
eingraviert, die im Einsatz ihr Leben ließen. Das Traurige an der
Gedenkwand ist, dass sie nicht nur an die Toten aus der Vergangenheit erinnert, sondern immer wieder Platz für neue Namen
bereitstellen muss. Die Arbeit der Grenzschutzpolizei ist bis heute
lebensgefährlich, vor allem an den Grenzen nach Gaza und in Jerusalem. Egal, welche Konflikte es in der israelischen (Außen-)
Politik gibt, die Polizisten der Grenzschutzpolizei spüren die Aus-
wirkungen als Erste. Sie müssen immer die israelischen Interessen
schützen und demzufolge auch Aggressionen von Israels Gegnern
abwehren.

An der Gedenkwand für die Toten wird der eben noch euphorisch wirkende junge Mann ruhig und nachdenklich. Er zeigt auf die Namen und kennt von einigen auch die Sterbedaten. Viele von ihnen sind nicht einmal 30 Jahre alt geworden. Trotz dieser Opfer gehört die Border Police in Israel zu den beliebtesten Einheiten, für die sich junge Israelis bewerben, um dort ihren Wehrdienst zu absolvieren. Die Border Police oder Magav, wie die Israelis sie nennen, liegt in der Gunst der Wehrpflichtigen noch vor der Golani Brigade und den Fallschirmspringern. Das war nicht immer so, doch mittlerweile hat die Grenzschutzpolizei das beste Image unter jungen Israelis.

Nachdem wir die Wand der toten Helden inspiziert und einige Fotos gemacht haben, besuchen wir das Heritage Center. Auf dem Weg dorthin entdecke ich auf dem Gelände einen gepanzerten Militärtransporter, ein Patrouillenboot und andere Dinge, die für die Operationen der Grenzschutzpolizei im Einsatz waren. Der Ort wirkt einerseits wie ein Heldenacker mit Armeefreilichtmuseum und zugleich wie ein israelischer Kibbuz, der durch die Bewässerung grünt und blüht. Wir verlassen das Außengelände und gehen in ein bunkerähnliches Gebäude.

An der Decke hängen Tarnplanen im Camouflagemuster. Wir gehen einige Stufen hinunter und gelangen in einen Hauptflur, von dem verschiedene Räume abgehen. Ich habe das Gefühl, in einer Gefechtszentrale zu stehen. Beim Umsehen entdecke ich eine Ausstellung über die Grenzschutzpolizei. In einer Vitrine sind Turmschuhe zu sehen, in deren Absatz ein Telefon geschmuggelt wurde. Rechts daneben hängt ein Sprengstoffgürtel mit fein säuberlich gepackten Taschen mit Sprengsätzen, die durch ein Kabel verbunden sind. Am Ende der grünen Schnur ist ein roter Knopf, der nie ausgelöst wurde, sonst wäre dieses Exemplar nicht hier ausgestellt. In einer anderen Ecke sehe ich einen Unterstand mit Tarnnetz gebaut. Daraus ragt ein kleiner Raketenwerfer. An den Seiten sind Bilder mit den Pionieren der Grenzschutzpolizei zu sehen. Davor stehen kleinere Kriegsgeräte.

An einer anderen Wand sind Bilder der Chefs der Grenzschutzpolizei. Michael Maor steht vor dieser Wand und kann sich an viele dieser Helden der ersten Stunde erinnern, die hier auf den indirekt beleuchteten Fotos an der Wand zu sehen sind. Auch Michael Maor wird irgendwann ein Teil dieser Ausstellung sein, doch heute ist er froh, noch nicht hier im Museum der Grenzschutzpolizei gewürdigt zu werden und am Leben zu sein. Das unterscheidet ihn von allen anderen, die hier zu sehen sind. Ihm reicht es, dass er vorerst einen festen Platz in den Herzen vieler junger Rekruten hat und ihnen noch aus erster Hand von seinen Erfahrungen berichten kann. Junge Menschen wie Shay sind dafür dankbar und froh.

Nach einem kleinen Gespräch vor den Ausstellungstafeln führt uns Shay in einen Konferenzraum, klimatisiert und etwas abgedunkelt, fensterlos. Am Konferenztisch sind Mikrofone angebracht und ich habe das Gefühl, am Tisch des israelischen Generalstabs zu sitzen, der eine wichtige Operation vorbereitet. So wie hier muss sich Michael Maor damals in den Bunkern des Generalstabs in Tel Avivs Militärdistrikt Sarona (haQiryah) gefühlt haben. Nur dass heute an den Wänden Tablets (digitale Bildschirme) leuchten. Darauf erkenne ich die Konterfeis und persönlichen Daten kürzlich getöteter Polizist*innen. Statt bunter Urlaubsbilder, die man sonst auf Tablets sieht, sind hier Bilder von jungen Menschen zu sehen, die bis vor Kurzem noch am Leben waren und durch ein Attentat oder bei militärischen Operationen ums Leben gekommen sind. Dabei fällt mir das Bild von Hadas Malka auf. Sie starb mit 23 Jahren im Dienst bei einer Messerattacke am Damaskustor in Jerusalem. Ich denke an sie und das Leben, das vor ihr lag, an ihre Eltern, die für immer die Tochter verloren haben. Dabei frage ich mich, was die Messerstecher, die jünger waren als sie, wohl dachten. Ich kann es nicht fassen, dass junge Menschen andere einfach töten. Hadas mag die Uniform einer israelischen Sicherheitseinheit getragen haben, aber haben andere das Recht, sie dafür zu töten? Sie und die Attentäter hatten ihr Leben noch vor sich. Besonders nahe geht, dass das Bild in Farbe auf dem Display von der Wand leuchtet, auf dem eine junge Frau stolz in die Kamera lächelt. Das macht mich beklommen und ich wünsche mir, dass meine Kinder hoffentlich nie in solche Situationen kommen werden wie Hadas.

Gewalt, Terror und Tod gehören leider auch heute noch in Israel an einigen Krisenpunkten zum Alltag.

Wir sitzen in dem abgeschotteten klimatisierten Konferenzraum bei LED-Beleuchtung, eisgekühltem Wasser und Keksen. Shay bemüht sich nach Kräften, dem Pionier der Grenzschutzpolizei und seinem Begleiter ein guter Gastgeber zu sein. Der alte Maor und der junge Gilboa fachsimpeln und Shay fragt vieles, was er für seine Arbeit braucht. Michael Maor erzählt mit ruhiger und kräftiger Stimme seine Geschichten vom Überleben. Dabei wird er nicht müde, darauf hinzuweisen, dass er in seinem Leben nahezu immer Krieg erlebt hat – das ist bis heute so, wo Israel gerade mit der Hamas in Gaza kämpft. Wobei es einen Frieden zwischen den ungleichen Partnern auf lange Sicht wohl nicht geben wird, weil beide Seiten nicht wirklich aufeinander zugehen wollen. Trotzdem, meint Michael Maor, sei Israel das sicherste Land der Welt, man müsse es nur schützen. Und jene, die es schützen, haben nicht immer Glück, wie Hadas Malka.

Viele Attentate konnten und können vereitelt werden, weil es schwieriger geworden ist, mit Waffen oder Sprengsätzen nach Israel einzureisen, und weil die von Michael Maor aufgebauten Nachrichtendienste innerhalb der Grenzschutzpolizei wertvolle Informationen zusammentragen. Doch Messerattacken lassen sich nicht verhindern, egal wie viele Polizisten im Einsatz sind, egal wie viele Informanten arbeiten und egal wie viele Undercover-Agenten nach potenziellen Attentätern Ausschau halten. Diese Anschläge sind bisher nicht vorhersehbar. Niemand weiß, wann junge arabische Israelis zu solch tödlichen Attacken greifen.

Betroffen macht mich, dass diese jungen Menschen wenig Achtung vor dem Leben haben und ihnen ihr eigenes Schicksal auch egal zu sein scheint. Wie groß ist ihr Leidensdruck, so etwas zu tun? Wie stark fühlen sie sich von Israel gedemütigt, dass sie scheinbar kopflos mit dem Messer auf Unschuldige losgehen? Ist ihnen bewusst, was sie ihrer eigenen Familie antun, wenn sie andere Menschen töten? Es mag sein, dass die radikalen Hamas-Anhänger sie als Märtyrer feiern. Doch sobald ein Attentat passiert, sind die Bulldozer der israelischen Armee im Anmarsch, um das Haus der Familie des Attentäters zu zerstören. Für die Familie bedeutet das meistens den Abstieg in die Armut. Denn durch das Attentat haben sie nicht nur ihren Sohn oder ihre Tochter verloren, sondern auch das Haus, in dem sie lebten.

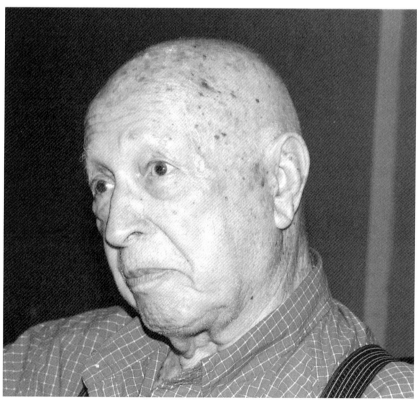

Noch immer sterben Polizisten der Grenzschutzpolizei –
Michael Maor stimmt das nachdenklich / Sebastian Mantei

Im Umgang mit den Palästinensern hat Michael Maor seine eigene pragmatische Anschauung. Er würde die Zweistaatenlösung lieber heute als morgen einführen, mit dem Argument, damit man die Unruhestifter nicht mehr sehen muss. „Sollen sie doch machen, was sie wollen, aber sie sollen uns in Ruhe lassen. Wir brauchen diese Menschen nicht." *Sie sorgen in seinen Augen dafür, dass die Sicherheitslage in Israel stets gefährdet ist.*

Danach würdigt Shay Gilboa Michael Maors Einsatz. Für ihn als Historiker zählen Maors Erzählungen zu einem besonderen Schatz. Aber auch die Fotos, die der ausgebildete Fotograf Maor anfertigte, sind heute ein wahrer Schatz, so Gilboa. Die spektakulärsten stammen aus der Zeit, als die Grenzschutzpolizei mit Helikoptern auf Patrouillenflug unterwegs war. Nur durch diese Bilder kann man heute nachvollziehen, wie der Aufbau des Nachrichtendienstes damals in den 1970er-Jahren begann. Michael Maor hat mit seinen Strategien für vieles den Grundstein gelegt, was sich bis heute bewährt hat. Die Mittel waren sicher einfacher, so Shay, aber die Gefahr, Opfer von Anschlägen zu werden, war damals weitaus größer, da es keine richtigen Grenzen gab. Für Terroristen war es ein Kinderspiel, sich ins israelische Kernland einzuschleusen, um dort Anschläge zu verüben. Mit verschiedenen Abteilungen versuchte Maor damals, wichtige Informationen aus den besetzten Gebieten in Samaria und Judäa zu sammeln. Er sorgte für Sicherheit, gerade auch für die entlegenen Kibbuzim, und klärte neben geplanten Attentaten auch andere kriminelle Delikte wie Viehdiebstähle oder Autodiebstähle auf.

Michael Maor war ein Mann, der anpackte und mit viel Geschick agierte. Er baute spezielle Einheiten in Judäa, Samaria und dem Negev auf, die bis heute existieren. Gilboas Meinung nach ist Maor eine der signifikantesten Personen, die jemals bei der Grenzschutzpolizei gedient haben. Polizisten lernen bis heute von ihm und jeder kennt den Namen Micha Maor. Weiterhin verweist er darauf, dass Maor als einer der wenigen auch Fotos von den Operationen der Grenzschutzpolizei gemacht hat. Diese

Bilder zeigen, wie wagemutig die Pioniere der Aufklärung waren. Immer wieder findet er Worte der Anerkennung. Er ist fasziniert, dass die Überlebenden des Holocaust dieses Land aufgebaut und es unter schweren Bedingungen zu einem sicheren Platz für Juden gemacht haben. Shay ist stolz auf Michael Maor und sagt, dass Maor bis heute ein wichtiger Teil der Inspiration für die Arbeit der Grenzschutzpolizei ist.

Rückfahrt mit Rückkehr

Auf dem Weg von Hadera zurück nach Modiin fahren wir gemeinsam einen kleinen Umweg und halten in der Nähe von Tel Nof. An diesem Ort beginnt und endet für Michael Maor die Karriere als Fallschirmspringer. 1987 startet er von hier aus zu seinem allerletzten Sprung.

Damals landet er im nahegelegenen Palmachim, einem Kibbuz, der von Untergrundkämpfern der Palmach 1949 gegründet wurde. Südlich befindet sich heute ein Luftwaffenstützpunkt, von dem sogar Satelliten des israelischen Raumfahrtprogramms ins Weltall geschossen werden.

Tel Nof nutzten bereits die Briten während der Mandatszeit für ihre Maschinen der Royal Air Force. Seit 1948 ist dieser Stützpunkt israelisch und die bewegtesten Einsätze werden seitdem von hier geflogen. Generationen von Fallschirmspringern trainierten und starteten hier. Das ist bis heute so.

Als wir auf den Armeestützpunkt Tel Nov schauen, erzählt Maor mit Wehmut über den bewegenden letzten Sprung seines Fallschirmspringerlebens. Er erinnert sich, wie sich die Dakota langsam über das Rollfeld mit ratternden Rotoren in Schwung brachte, bevor sie in die Luft stieg und mit monotonem Brummen davonschwebte.

30 Jahre nach dem Sinaikrieg wartete ich mit alten Kampfgefährten in der Maschine, um es noch einmal zu wagen: den Absprung. Es sollte mein letzter sein. Neben mir saß Rafael Eitan, General beim Militär und Mossadurgestein. Eitan war lange Zeit mein Vorgesetzter im Regiment 890. Rafi, wie er bei uns hieß, wollte mich unbedingt zum Adjutanten haben. So kam es dann auch. Wir kannten uns schon lange. Ich habe ihm, wie vielen anderen Generälen und sogar einem Premierminister [31] das Fallschirmspringen beigebracht. Nun saßen wir wieder zusammen, nicht im Generalstab, sondern in der guten alten Dakota, die uns einst zu manchem Einsatz brachte, von dem leider nicht jeder wiederkehrte. Doch an diesem Tag war alles anders. Uns stand allen ein Happy End bevor, wenn nur die Kondition reichte. Irgendwie fühlte es sich an wie ein Klassentreffen alter Männer.

Die Maschine schwebte zwischen Ashdod am Mittelmeer und Bet Shemesh im Landesinneren. Der Pilot drehte sogar eine Extrarunde für uns alte Haudegen vom Militär und steuerte Richtung Westen zum Mittelmeer. Der Name des Piloten war Pupko. Ich kannte ihn schon lange. Er war auch einer der Veteranen, mit dem ich früher öfter geflogen bin.

Ich erinnere mich, dass wir fantastisches Wetter und eine wunderbare Aussicht hatten. Früher war hier überall Wüste, doch 30 Jahre nach dem Sinaikrieg durchzogen Straßen die Gegend. Viele Ortschaften und kleine Siedlungen sind entstanden und der hellbraune Boden hatte sich mancherorts in grüne, sogar dunkelgrüne Flächen verwandelt. Mittlerweile wuchsen hier in Israel ganze Wälder – die Wüste war nicht überall mehr der unwirtliche Ort, den ich bei meiner Ankunft in Palästina kennengelernt hatte. Im Westen konnten wir einen blauen Streifen entdecken.

Trotz der Lautstärke im Bauch der Dakota erzählten wir unentwegt unsere Geschichten aus den Kriegen und der Zeit bei den Parashooters. Bis uns der Pilot aus unserer Unterhaltung riss, als er uns aufforderte, unsere Fallschirme startklar zu machen. Ich erinnere mich noch, wie ich kurz zuvor Rafi Eitan einen Witz aus der Fallschirmspringerschule erzählte:

Ein junger Soldat kommt zum Ausbilder und sagt vor dem Absprung, dass sein Fallschirm nicht funktioniere. Darauf antwortet der Ausbilder: „Kein Problem. Spring erst mal, dann holst du dir einen neuen."

Daraufhin lachten alle. Damals hatten wir nur einen Schirm. Bei meinem letzten Sprung war das natürlich anders und wir hatten zwei Schirme.

Dann ging es schon los. Wie die Enten standen wir an, um endlich aus dem Bauch der Dakota zu springen. Mit einem kräftigen Sprung verließ ich das Flugzeug und sauste hinab auf Palmachim am Mittelmeer zu. Es war herrlich, ich fühlte mich frei und doch geborgen in dieser wunderbaren Gegend. Dann zogen wir an unseren Schirmen und glitten schwerelos über das Land und seine Küste. Im Süden sahen wir die Schiffe im Hafen von Ashdod. Im Hintergrund lag Gaza, wo ich als Chef des Nachrichtendienstes der Grenzschutzpolizei verschiedene Operationen geleitet hatte. Das Land wirkte von oben so friedlich, obwohl nicht jede Zeit hier friedlich war.

Das war meine Heimat, einerseits stark wie Samson und andererseits schlau wie David. Denn die Sicherheit war und ist ein teures Gut, das schnell zerbrechen kann. Das ist bis heute so. Ich weiß, wovon ich rede. Das Leben in Israel sichern bis heute viele Soldaten und ein Hightech-Sicherheitsapparat. Frieden gibt es hier nicht umsonst und Israel überlässt nichts dem Zufall. Das kostet viel, manchmal auch das Leben.

Nun ging es ganz schnell, wir setzten alle zur Landung an. Niemand wurde verletzt und wir waren alle erleichtert, dass die alten Knochen heil blieben.

30 Jahre nach dem Sinaikrieg – Maors letzter Absprung mit alten Weggefährten 1987 /
Privatbesitz Michael Maor

Michael Maor wird an diesem Tag von seiner Familie in Palmachim in Empfang genommen. Dabei entsteht ein wunderschönes Abschlussbild für die alten Kämpfer. Darauf lächelt der leicht ergraute Michael Maor. Seine schmale Haartolle weht im Wind und er scheint sichtlich erleichtert, dass sich niemand verletzt hat. Seine jüngste Tochter Dafna freut sich verschmitzt, sein Sohn klopft ihm stolz auf die Schulter und Ehefrau Sara strahlt über das ganze Gesicht. Hier ist die Welt in Ordnung, hier herrscht Frieden, wären nicht die Uniformen, die deutlich machen, dass die Armee in diesem Land stets präsent ist, um es zu schützen.

Tochter Dafna
und Sohn Dan sind
stolz auf ihren Vater /
Privatbesitz Michael Maor

136

Abschied von der Grenzschutzpolizei

Zwischen dem Bild vom Absprung 1987 und seiner Pensionierung liegen drei Jahre. 1990 beendet Michael Maor seine aktive Laufbahn bei der Grenzschutzpolizei und geht in Pension. Hinter im liegt ein bewegtes Leben, in dem er oft überlebt hat.

Später als Zeitzeuge werde ich meinen Zuhörern sagen, ich hatte ein aufregendes und wildes Leben. So war es, und diese Lebensgeschichte ist weitaus länger als der Absprung aus einer Dakota in den israelischen Himmel. Doch die Landung nach meinem letzten Sprung war eine besondere, denn ich bin in meiner Heimat gelandet, mit der ich fest verwurzelt bin, auch wenn ich als Fallschirmspringer im Leben öfter mal abgehoben bin. Meine Wurzeln sind heute hier und nirgendwo sonst auf dieser Welt.

Im Leben habe ich auch gelernt, dass es wichtig ist, den richtigen Absprung zu schaffen, wie beim Fallschirmspringen. Rechtzeitig muss er sein, und genau das war der Grund, warum ich 1990 in Pension ging und mich anderen Dingen zuwandte. Ich habe genug Abenteuer erlebt und wollte nicht versuchen, diese Zeit mit einem Beinbruch zu beenden.

Es gab wunderbare Abschiedsfeste bei der Grenzschutzpolizei in Tel Aviv, in Lot und in Sachne bei Beit Alfa. Ich bekam viel Lob und Anerkennung. Sicher waren viele dankbar, dass ich meine Aufgaben in die Hände jüngerer Nachfolger legte und nicht versuchte, bis zum bitteren Ende alles an mich zu reißen.

Künftig wollte ich mit meinen Erfahrungen anderen Menschen helfen, um die Erinnerungen an die Zeiten wachzuhalten, die nie vergessen werden dürfen. Bis heute halte ich daran fest.

Alte Kameraden

Was macht man, wenn man als Pensionär daheim sitzt? Man guckt, welcher Freund noch im Leben ist, und schaut, ob es eine Aufgabe gibt, die einem Freude bereitet. Ich kam dabei auf einen alten Freund aus dem Kibbuz, in dem ich groß geworden bin. Er hieß Jizchak Goldlust und arbeitete in Israels Hightech-Industrie, bis er nach Amerika auswanderte und dort mit dem Vertrieb von Hightech-Komponenten ein Vermögen machte. Der Selfmade-Millionär war wie ich ein Waisenjunge. Er hatte noch die Häftlingsnummer aus Auschwitz an seinem Körper und die Hölle überlebt. Wir wuchsen gemeinsam in Mizrah auf. Während ich bei der Armee Karriere machte, studierte er am Technikum in Haifa und ging später in die USA.

Wir nahmen wieder Kontakt miteinander auf. Ich wurde zu seinem ersten Ansprechpartner in Israel und stellte die Kontakte zu großen Unternehmen her, die er dann aus den USA belieferte. Die Geschäftsidee ging auf, da Israel zum Hightech-Land avancierte und viele US-Firmen ein Interesse hatten, diesen kleinen, aber nicht unbedeutenden Markt zu versorgen. Doch niemand hatte so gute Kontakte wie Jizchak Goldlust in Israel. Ich war sein Verbindungsmann. Das machte ich drei Jahre lang, dann starb mein Freund Jizchak. So riss die Verbindung ab. Außerdem stand ein weiteres verlockendes Angebot ins Haus.

Mossad sucht Senior-Experten

Der Mossad bot mir 1993 einen Job in Deutschland an. Ich sollte mich um die Sicherheit der jüdischen Gemeinde in

Köln kümmern. Ich hatte das Gefühl, dass Deutschland mich nicht wirklich losließ und ich auch nicht von ihm lassen konnte. So entschied ich mich, das Angebot anzunehmen und wieder auf Zeit in die alte Heimat zurückzukehren.

Die jüdische Gemeinde wollte mich für mehrere Jahre verpflichten, doch ich lehnte ab. Ich sagte ihnen, dass ich die Sicherheit auf den neuesten Stand bringen und meinen Nachfolger einarbeiten würde, der sich künftig um diese Angelegenheit kümmern sollte. Durch meine Verbindungen zur International Police Association hatte ich auch gute Kontakte zur Polizei in Köln. Als Erstes nahm ich Akteneinsicht in die Unterlagen der Polizei. Die hatte für die Sicherheit der jüdischen Gemeinde und für etwaige Terrorangriffe eine Akte angelegt. Ich durfte sie lesen. Der verantwortliche Polizist bat mich, ihm eine Rückmeldung zu geben, falls ich etwas daran verändern würde. Die Akte war sehr umfangreich, zu umfangreich. Ich sagte ihm: „Wenn es einen Terrorangriff gibt, hat der Polizeichef keine Zeit, ein Bilderbuch zu lesen. Er muss schnell im Bilde sein, um sofort handeln zu können."

Bei meinen Untersuchungen prüfte ich auch das angeblich kugelsichere Glas in der Synagoge. Ich schickte Proben zu einem Freund bei der Polizei in München. Der rief zurück und sagte, er möchte nicht, dass ich in dem Zimmer hinter der Scheibe sitze, wenn geschossen wird. Das kugelsichere Glas stellte sich als nicht kugelsicher heraus.

So entdeckte ich viele Sicherheitslücken, die ich beheben konnte, und nach einem halben Jahr stand das Sicherheitskonzept für die Gemeinde.

Am meisten haben mich die Diskussionen mit den Volontären in der jüdischen Gemeinde gestört. Die waren wahrscheinlich gewöhnt, alles zu diskutieren. Doch das habe ich nicht zugelassen. Ich habe sie alle einmal zu Kaffee und Kuchen eingeladen und ihnen erklärt, welche Aufgabe ich vom Gemeindevorstand übertragen bekommen habe. Ich habe ihnen gesagt, dass ich Offizier bin und es keine Diskussionen, sondern nur meinen Befehl gibt. Wem das nicht gefiel, der konnte gehen. Alle sind geblieben, außer einer. Und so habe ich langsam die Sicherheit aufgebaut. Das, was ich damals in Köln gemacht habe, war zu dieser Zeit in Deutschland einmalig.

Dies und das

M ichael Maor beendet seinen Einsatz in Deutschland mit einer Europarundreise und einer Fahrt in die USA. Nach seiner Rückkehr widmet er sich seinem Engagement in der IPA. Er ist Verbindungsmann für deutschsprachige Gruppen der IPA, die Israel besuchen, und begleitet sie. Für diesen Einsatz erhält er den Freundschaftspreis der International Police Association 2019. Im Schreiben des deutschen IPA-Präsidenten Horst Bichl heißt es: „Einstimmig hat der Bundesvorstand zugestimmt, Dir für Deine außergewöhnlichen Verdienste um die Freundschaft zwischen unseren beiden Ländern zu danken und Dir den Preis zu überreichen."[32]

Weiterhin arbeitet Maor für verschiedene Sicherheitsfirmen in Israel und baut für die Landwirtschaftsverbände im Auftrag des Landwirtschaftsministeriums einen Nachrichtendienst auf. Der soll helfen, Schmuggel und Diebstähle schneller aufzudecken. Das Ministerium setzt dabei auf die Erfolge Maors während seiner Zeit bei der Grenzschutzpolizei. In ähnlicher Mission ist er für große Versicherungsgesellschaften im Einsatz. Auch die hoffen auf seinen Spürsinn und seine Erfahrung, um Versicherungsbetrügereien aufzudecken. 2004 beendet Michael Maor diese Tätigkeiten und ist fortan wieder für die Familie da, wäre er nicht wegen einer anderen Sache angefragt worden, die in dieser Lebensphase für ihn an Bedeutung gewinnt, weil sie ihm hilft,

Dinge aufzuarbeiten, für die bisher in seinem bewegten Leben kein Platz war – die eigene Geschichte.

„Ich glaube nicht an Glück, aber an das Schicksal. Und wenn einer das Schicksal hat, dass er gut davonkommen soll, dann soll er daran glauben und dann klappt es auch."[33]

Endgültig gelandet – Michael Maor blickt auf seine Heimatstadt Modiin / Sebastian Mantei

Vom Fackelträger zum Brückenbauer

2008 *wird Michael Maor auserwählt, am jährlichen Holocaustgedenktag in Israel die Gedenkflamme zu entzünden. Die Holocaustgedenkstätte Yad Vashem ehrt damit seinen Einsatz als Mossadagent in der Operation Eichmann. Maor hatte für den Prozess wichtige Akten aus dem Büro des Generalstaatsanwalts Fritz Bauer aus der Frankfurter Staatsanwaltschaft besorgt. Außerdem wird er, der als Kind nahezu die ganze Familie verloren hat, geehrt, weil er stets den Mut im Kampf ums Überleben behalten hat.*

Im selben Jahr erhält Michael Maor eine Anfrage der „F.C. Flick Stiftung gegen Fremdenfeindlichkeit, Rassismus und Intoleranz", ob er sich vorstellen könne, für eine Vortragsreihe nach Deutschland zurückzukehren.

2008 wird für den Kriegshelden und Geheimagenten zum Schicksalsjahr. Zum ersten Mal steht er, der Überlebende des Holocaust, im Mittelpunkt. Er wird nicht als Experte für Aufklärung, Luftüberwachung oder Agenteneinsätze angefordert. Nein, er und seine Lebensgeschichte sind auf einmal Gegenstand der Betrachtung und Maor soll über das erzählen, was er lange hinter sich gelassen hat, was ihn viele Tränen gekostet hat und was tief unter die Haut geht – der Verlust seiner Familie und der Überlebenskampf bzw. der Kampf gegen die ungerechte Behandlung eines Waisenkinds sowie der Kampf für seine neue Heimat Israel.

Der Mann, der bisher im Hintergrund agierte und der Unbekannte war, wird auf einmal zum gefragten Zeitzeugen in dem Land, wo er geboren wurde, das ihn vertrieben hat und wo er für den Mossad-Geheimdienst konspirativ tätig war. Das ist etwas völlig Neues, doch der lächelnde Michael Maor ist auch dieser Aufgabe gewachsen und scheut keine heißen Diskussionen, in denen er nicht immer diplomatisch vorgeht und seine persönliche Meinung zu behaupten weiß.

Unbequeme Wahrheiten – Zeitzeuge mit Ecken und Kanten

Seit 2009 begibt sich Michael Maor regelmäßig auf eine einwöchige Tour nach Deutschland. Auf Einladung der F.C. Flick Stiftung besucht er Schulen in Sachsen-Anhalt und im Land Brandenburg. Dort erzählt er vor Schülern seine persönliche Lebensgeschichte.

Schüler hören dem Flüchtling, Agenten und Fotografen gespannt zu / F.C. Flick Stiftung

Was ihn auszeichnet? Er fällt aus allen typischen Zeitzeugenmustern heraus. Er polarisiert, ist witzig und zugleich bissig. Vor allem politisch korrekt denkende Lehrer haben oft ein Problem mit seiner Argumentationsweise gerade zum Thema Nahostkonflikt. Doch er schafft es, unterhaltsam gegen den Mainstream Schülern seine Sicht der Dinge zu erklären, und freut sich über Diskussionen. Nicht allen passt dieser bissige Zeitzeuge ins Konzept. Doch für die Schüler ist die Auseinandersetzung mit dem Holocaust, der aktuellen Israelpolitik und der Person Michael Maor ein Gewinn, da er sie nötigt, sich eine eigene Meinung zu bilden. Schon der Auftakt zu seinen Vorträgen ist ungewöhnlich. Mit Hemd, markanten rot-karierten Hosenträgern und einer farbigen Brille, hinter der seine Augen freundlich ins Publikum schauen, begrüßt er die Schüler mit einem Lächeln und oft mit einer Frage.

Ich erkläre den Kindern immer, sie sollen nicht erwarten, dass hier ein armseliger zerbrochener Jude spricht, der zufällig am Leben geblieben ist. Sondern ich bin jemand, der wirklich zufällig am Leben ist und aus der Hölle kam, aber voller Optimismus den Staat Israel mit aufgebaut hat. Ich wurde für meine Verdienste ausgezeichnet, als ich in der Operation Eichmann mitgearbeitet und für Israel in der Armee gedient habe.

Maor gibt sich selbstbewusst, denn er weiß, dass er an der Geschichte Israels mitgewirkt, in den Kriegen gekämpft und den Holocaust als Kind überlebt hat.

Ich stehe gern zu Beginn meines Vortrags auf und schaue den Kindern und Jugendlichen in die Augen. Ich will sehen, ob sie gelangweilt sind und gleich einschlafen oder ob sie Interesse haben. Dann frage ich manchmal mit einer ruhigen und tiefen Stimme, ob sie schon einmal einen Juden gesehen haben.

Manchmal antworten sie, oft reagieren sie verschreckt. Ich fahre dann fort und sage: „Sicher nicht! Wisst ihr, warum nicht? Schaut, ihr seid Kinder, ihr habt einen Vater und der wieder einen Vater, und die Großväter, die im Dritten Reich gelebt haben, von denen waren einige Mörder und haben Juden getötet. Daher gibt es heute kaum noch Juden in Deutschland." Spätestens wenn ich das erzählt habe, sind alle wach und hören zu.

Maor macht niemandem etwas vor und hat seine eigene Sicht auf Leben und Politik. Die mitunter provokante Art und Weise seiner Vorträge begeistert das Publikum, weil Maor weiß, wie er seine Zuhörer bei Laune hält. In seinen Erzählungen über die Flucht, den Tod der Eltern im Wald und die Überfahrt mit den traumatisierten KZ-Häftlingen nach Palästina gelingt es ihm, die Zuhörer zu fesseln. Sie sind betroffen und schockiert über das, was Maor erleiden musste. Für ihn ist diese Arbeit eine wichtige Mission, die er zum Ende seines Lebens erfüllen möchte, damit die Geschichte des Holocaust und seine Geschichte nicht vergessen wird.

„Es ist wichtig und ich sehe es als meine Pflicht an, den jungen Leuten über die Geschichte der Juden, über die Nazis und von

Dialog auf Augenhöhe – Michael Maor spricht gern mit jungen Menschen
über Geschichte und Gegenwart / F.C. Flick Stiftung

der schlimmen Vergangenheit im Dritten Reich etwas zu erzählen."

Michael Maor gehört zu den letzten noch lebenden Zeitzeugen, die aus erster Hand erzählen können. Er ist ein Held, der lange im Hintergrund agierte und unzählige Geschichten kennt, die unglaublich klingen.

Die Schüler in Halberstadt, Potsdam oder Beeskow nehmen viel aus den Begegnungen mit. Einige sagen anschließend, solche Gespräche seien wichtig, gerade für die Zukunft. Oder wie der Direktor des Schillergymnasiums in Königs Wusterhausen zusammenfasst: „Wir haben einen Menschen kennengelernt, der aus der Hölle kam, seinen Weg gegangen ist und somit beweist, dass es nicht möglich ist, ein ganzes Volk auszulöschen."

Halberstädter SchülerInnen bewundern Maors Gabe, mit den Verlusten auf seiner Flucht leben zu können und immer wieder von Neuem Hoffnung zu schöpfen. Die Gespräche mit ihm machen Geschichte greifbarer und verständlicher.

Doch Michael Maor will nicht nur über das Grauen der Nazis reden, er will vielmehr auch für Israel sprechen, seine Heimat seit 1945, dessen Nahostpolitik er stets verteidigt. Er ist der konservativen Politik zugetan und kein Mann, der den Palästinensern gegenüber Zugeständnisse macht. Kompromisse für mehr Unsicherheit lehnt er kategorisch ab und ist für eine strikte Trennung von Israel und Palästina. Das sagt er immer wieder klar und deutlich, was mitunter zu Disputen führt wie bei seinem Vortrag 2017 im Rouanet-Gymnasium Beeskow.

Nahostkonflikt in der Niederlausitz

In der altehrwürdigen Aula des Rouanet-Gymnasiums in Beeskow sitzen 200 Schüler. Auf der Bühne spricht Michael Maor über sein Leben und beantwortet die Fragen der Schüler. Sie trauen sich zunächst nur zaghaft, doch dann kommt es zum Gespräch. Vor allem persönliche Details sind für die jungen Menschen interessant: Wie hat er sich gefühlt, als er in Fritz Bauers Büro einstieg? Was hat er gedacht, als er zum ersten Mal nach Deutschland zurückkehrte? Wie ist es, die Eltern zu verlieren? Und woher hat er die Kraft genommen, weiterzumachen? Maor antwortet geduldig und versucht immer wieder auch Vergleiche herbeizuziehen, damit sich die Schüler die Situationen besser vorstellen können. Das kommt an und die Schüler fühlen sich trotz des Altersunterschieds verstanden, da Maor nicht von oben herab mit ihnen redet, sondern wie ein Großvater auf Augenhöhe.

Doch es gibt auch provokante Fragen, wie die eines Lehrers, warum Israel mit den Palästinensern keinen Frieden schließe und sie unterdrücke. Daraufhin antwortet Maor:

Israel unterdrückt keine Palästinenser. Wir lassen sie in Ruhe, doch wenn sie Raketen schießen und Terror machen, dann geht Israel in die Palästinensergebiete und zieht die Verantwortlichen zur Rechenschaft.

Der Lehrer bleibt hartnäckig, wirft Israel Besatzerpolitik mit Siegerjustiz gegenüber den Palästinensern vor. Er spricht von einem ungleichen Kampf, in dem Israel immer der Stärkere sei. Daraufhin fragt Michael Maor:

Warum machen sie denn den Terror? Es wird immer wieder berichtet, dass die Israelis massiv gegen die Palästinenser vorgehen, aber niemand erzählt die Vorgeschichte. Dass sie Raketen schießen, dass sie mit Messern auf Zivilisten losgehen und dass sie auf Fahrzeuge schießen.

Das sei einseitig. Der Lehrer will Maor damit vor den Schülern nicht durchkommen lassen. Er spricht von Unterdrückung und davon, dass die Aktivitäten der Hamas lediglich Reaktionen auf Israels Besatzungspolitik und Boykotte gegenüber den Palästinensern in Gaza seien.

Michael Maor bleibt ruhig und versucht einen erneuten Anlauf, in dem er den Lehrer mit seinen Argumenten überzeugen möchte:

Die Hamas in Gaza erkennt Israel nicht an. Sie will den Staat vernichten. Sie plant Terroranschläge, schickt Raketen und Feuerballons nach Israel, um dort Zerstörungen anzurichten oder Menschen zu töten. Das lässt sich Israel nicht bieten, das würde sich kein Land der Welt bieten lassen, auch nicht Deutschland. Anders ist es im Westjordanland, wo Israel und die dortige Palästinenserführung mehr kooperieren.

Weiterhin erzählt Maor von Milliarden, die aus Europa nach Gaza geflossen seien, und fragt, wo das Geld geblieben sei. Die

Palästinenser betrögen sich selbst. Denn viele Millionen seien in private Kassen von Hamasfunktionären geflossen oder in Raketen bzw. den Ausbau von Tunneln für Terrorattacken gegen Israel gesteckt worden. Maor unterstellt der Hamas, sie habe kein Interesse an Frieden, denn würde Frieden herrschen, müsse sie Geld verdienen, das wolle sie nicht. Er verweist auf Arafat, der auch lange Krieg gegen Israel geführt habe, weil er dafür einfacher Geld bekommen habe, als wenn er Frieden geschlossen hätte. So sei es auch mit der Hamas.

Maor gibt dem Lehrer wenig Möglichkeit, für seine Argumente zu sprechen. Bis sich dieser unzufrieden hinsetzt und mit den Händen abwinkt.

Zum Schluss seines Besuches dankt Michael Maor den Schülern für ihr Interesse und rät ihnen, sie sollten sich vom Lehrer nichts Falsches einreden lassen und immer die Dinge hinterfragen.

Michael Maor liebt diese kleinen Scharmützel. Er hat stets den Schalk im Nacken und kann auch über sich lachen. Für ihn bleibt die Diskussion um heikle Fragen wichtig, denn man muss streiten können und sollte nicht alles hinnehmen. Diese Botschaft hat ihn ein Leben lang begleitet und ihm wohl oft das Leben gerettet.

Zeitzeuge mit Kanten: Michael Maor spricht als Gast der Flick Stiftung / F.C. Flick Stiftung

Auschwitz in Kanada

Die jüdische Gemeinde in Toronto lädt Michael Maor 2017 ein. Er soll über seine Rolle in der Operation Eichmann sprechen. Die Einladung kommt zustande, da sein Sohn Dan Gemeindemitglied ist und von seinem Vater erzählt hat. Für Michael Maor ist das eine Ehre und er fährt nach Kanada. In der Synagoge berichtet er von seinem Leben, der Flucht und der Arbeit für den Mossad. Höhepunkt ist die Geschichte, wie er in Fritz Bauers Büro in der Frankfurter Staatsanwaltschaft einbricht und die wichtigen Dokumente für die Anklage gegen Eichmann besorgt. Nach dem Vortrag sitzt er noch bei seinem Sohn und spricht mit einigen Zuhörern, bis ein kleiner Mann sich den Weg zu ihm bahnt und ihn anspricht.

Er stellte sich vor und sagte, er sei 92 Jahre alt. In den Augen hatte er Tränen. Er klopfte mir auf die Schulter und sagte: „Das war fantastisch, was du gemacht hast in der Operation Eichmann. Du musst wissen, vor dir steht ein lebendiger Toter." Er zeigt mir seine tätowierte Häftlingsnummer aus Auschwitz, dann stockt er. Er spricht von der Gaskammer, in die er mit vielen anderen jüdischen Kindern und Frauen geführt wurde. Er erinnert sich noch an die Duschköpfe und zittert am ganzen Leib. Alle, die dort waren, wussten, es würde das Ende sein. Die Türen wurden verriegelt und manche Kinder weinten oder stöhnten vor Ohnmacht. Er sagt mir, er hätte innerlich mit dem Leben abgeschlossen. Doch dann ging die Tür auf und ein deutscher Offizier brüllte, er brauche Freiwillige. Er sprach Jiddisch, verstand den Offizier, rief „Ja" und eilte zur Tür. Mit stockender Stimme sagt er nachdenklich, so habe er die Gaskammer lebendig verlassen und wurde gerettet. Er umarmt mich und bedankt sich für meinen Einsatz, um Eichmann anklagen zu können. Das erzähle ich heute noch Schülern oder Erwachsenen, denn es hat mich sehr berührt.

Michael Maor im Interview mit dem Autoren / Guy Grossman

NACHWORT

Michael Maors Lebensgeschichte würde für etliche Leben reichen. Er hat mehrfach Glück gehabt und ist dem Tod entkommen. Das vergisst man, wenn man die Bilder des lächelnden Michael Maor vor Augen hat, der sich bis zum Schluss etwas Spitzbübisches bewahrte. Am Ende seines Lebens hatte er sein Ziel erreicht, war stolzer Familienvater und Großvater, der maßgeblich an Israels Aufbau mitgewirkt und für die Sicherheit seiner neuen Heimat gesorgt hat.

Michael Maors Abenteuer sind beeindruckend. Es ist ihm hoch anzurechnen, dass er sich den jüngeren Generationen in Deutschland und Israel gestellt hat, um ihnen von seinem Leben zu erzählen und mit ihnen zu streiten. Der Senior-Agent hatte dabei nicht immer die diplomatischste Sicht auf die Welt. Aber genau das war es, was diesen Zeitzeugen mit seinen Ecken und Kanten so einzigartig machte, egal ob man seiner Meinung war oder nicht.

Maors Meinung ist aus seinen ganz persönlichen Erfahrungen erwachsen und hat in ihm lebenslang die Sehnsucht nach Sicherheit geprägt. Dieses Gefühl kann man kaum nachvollziehen, wenn man nicht solche Biografie besitzt.

Am 25. Juni 2019 verliert Michael Maor sein letztes Gefecht. Er stirbt an den Folgen einer Krebserkrankung. Das Skript dieses Buches hat er noch lesen können und sich auf die Veröffentlichung gefreut.

Ich danke Michael Maor, dass ich mit ihm in Deutschland, Kroatien und Israel unterwegs sein durfte, um seine bewegende Lebensgeschichte aufzuschreiben. Weiterhin möchte ich auch Guy Grossman danken, der Micha stets bei seinen Reisen unterstützte und ihm wie ein Sohn zur Seite stand.

Möge dieses Buch dafür sorgen, dass das aufregende Leben und Überleben des Michael Maor viele Menschen erreicht und berührt.

Familie Maor bei der Preisverleihung des IPA-Freundschaftspreises / Guy Grossman

ANMERKUNGEN

[1] Miljenko Jergović: Die unerhörte Geschichte meiner Familie, Frankfurt a.M. 2017.

[2] Berndt Strobach: Der Hofjude Berend Lehmann, Berlin 2018.

[3] Sebastian Mantei: Ich habe Sehnsucht nach Halberstadt – Jizchak Auerbachs letzter Besuch in seiner Heimatstadt, Deutschlandfunk Kultur, Berlin 2017.
https://www.deutschlandfunkkultur.de/jizchak-auerbachs-letzter-besuch-in-seinem-geburts ort-ich.1079.de.html? dram:article_id=388337

[4] Frommer Jude, der den Knaben bei der Beschneidung hält.

[5] Beschneider

[6] Die aus Halberstadt stammende Jüdin Judith Biran erzählt über die Misshandlung ihres Schwagers, der daraufhin mit seiner Frau und den Kindern Halberstadt verlässt und nach Palästina auswandert. Interview Tel Aviv 2008 für Dokumentations-CD/DVD: Da war immer nur Angst – jüdische Schicksale aus Sachsen-Anhalt, Magdeburg 2008.

[7] Vgl. Staatsarchiv Hamburg, Bestand Jüdische Gemeinden 992b (Steuerkartei).

[8] Evtl. hat sich Leo Sternschein in Richfield, Minnesota niedergelassen. Auf dem dortigen jüdischen Friedhof ist ein Grab eines Leo Sternschein, der 1902 geboren und 1959 gestorben ist. Neben ihm liegt seine Frau, die 2004 verstarb. Auf ihrem Grabstein steht „Holocaustüberlebende". https://www.findagrave.com/memorial/21332998/leo-l-sternschein

[9] Die Metzgerei Schubach galt so sehr als alteingesessenes Geschäft, dass die Nationalsozialisten sich den für sie peinlichen Fehler erlaubten, in einer gegen die Juden gerichteten Beilage zum Westdeutschen Beobachter vom 25. April 1935 auch Moritz Schubach, Micha Maors Großvater, ins Verzeichnis „arischer Handwerksmeister" aufzunehmen. Siehe dazu Erhard Stang: Ihr weiterer Aufenthalt im Reichsgebiet ist unerwünscht – Schicksale Beueler Juden und Jüdinnen, Edith Sternschein – geborene Schubach.
http:// www.bonner-geschichtswerkstatt.de/index.php/ component/content/article?id=68

[10] Vgl. Erhard Stang: Bonner Stadtarchiv, Be 1053, Be 1061; Gedenkbuch des Vereins an der Synagoge.

[11] Die Jüdische Volksschule Bonn wurde 1934 gegründet, um jüdische Schüler an anderen Schulen vor antisemitischer Hetze zu schützen. Die Schule wurde zum größten Teil von der jüdischen Gemeinde finanziert und bestand bis zum Sommer 1941. Danach wurde sie ins Sammellager Kloster Endenich verlegt, wo sie im Juli 1942 geschlossen wurde. http://www.lebensgeschichten.net/selcont3.asp?typ=L&value=768

[12] Vgl. Stang

[13] Mlada Hrvatska, zitiert nach I. Goldstein: Antisemitizam u Hrvatskoj, in: Zna li se 1941-1945. Antisemitizam, Holokaust, Antifašizam, Zagreb 1995.

[14] Marija Vulesica: Antisemitismus in Jugoslawien und Kroatien bis 1941. http://www.zukunft-braucht-erinnerung.de/antisemitismus-in-jugoslawien-und-kroatien-bis-1941/, Arbeitskreis Zukunft braucht Erinnerung, Berlin 2017.

[15] Miljenko Jergovic, S.147.

[16] memorialmuseums.org/denkmaeler/view/1208/Gedenkfriedhof-Lager-Kampor-auf-der-Insel-Rab

[17] Philipp Ther: Die dunkle Seite der Nationalstaaten: „ethnische Säuberungen" im modernen Europa. Vandenhoeck & Ruprecht 1969, S. 144.

[18] Der Karmel ist ein Gebirge im Norden Israels, an dessen Fuß die Hafenstadt Haifa liegt. Der Name leitet sich vom hebräischen Kerem El ab, was Weingarten Gottes bedeutet.

[19] Rav bedeutet Rabbi.

[20] Solel Boneh ist das älteste Bauunternehmen Israels, das 1921 von der Histadrut gegründet wurde. Vgl. https://www.jewishvirtuallibrary.org/solel-boneh

[21] Rafael Eitan war zu diesem Zeitpunkt Kommandeur des Fallschirmspringerbataillons 890 in Ariel Scharons 202. Fallschirmspringerbrigade. Eitan leitete auch die Operation Eichmann, an der Michael Maor ebenfalls beteiligt war. Später war Eitan Generalstabschef der israelischen Streitkräfte und Politiker.

[22] Yehuda Arbel leitete später den Shabak, den Sicherheitsdienst für die innere Sicherheit – Sherut Habitahon.

[23] Sebastian Mantei: Das Bild einer großen Freundschaft, Onlinereportage, Magdeburg 2016. https://reportage.mdr.de/das-bild-einer-grossen-freundschaft#3543

[24] Oscar Niemeyer in Israel, Hagalil 2012. http://www.hagalil.com/2012/12/oscar-niemeyer/

[25] Teddy Kollek, Ein Leben für Jerusalem, Jerusalem 1992.

[26] Das Foto von Ben Gurion und Adenauer sowie der Schnappschuss mit Teddy Kollek und Marlene Dietrich haben auch dem Präsidenten des Zentralrats der Juden, Dr. Josef Schuster, besonders gefallen, da er beide Bilder in seinem Grußwort zur Eröffnung der Ausstellung „Israelis und Deutsche" in Würzburg erwähnt. Vgl. https://www.zentralrat derjuden.de/aktuelle-meldung/israel-und-deutschland-haben-eine-bruecke-gebaut/

[27] http://www.israelis-und-deutsche.de

[28] Benjamin Beit-Hallahmi: The Israeli Connection – who Israel arms and why, New York 1987, S. 54-56.

[29] Der Hermon ist ein Bergmassiv im Grenzbereich zwischen Libanon, Israel und Syrien.

[30] Bei Ahmed handelt es sich nicht um den richtigen Namen, sondern um ein Synonym.

[31] Jitzchak Rabin wurde von Michael Maor zum Fallschirmspringer ausgebildet.

[32] Horst W. Bichel, Präsident IPA-Deutschland, Freundschaftspreis der International Police Association (IPA), Deutsche Sektion, 2019.

[33] Michael Maor bei einem MDR-Interview in Potsdam, 2017.